The Science of Being Lucky

How to Engineer Good Fortune,
Consistently Catch Lucky Breaks, and Live a Charmed Life

「運のいい人」の科学

強運をつかむ最高の習慣

ニック・トレントン
桜田直美 訳

SB Creative

はじめに

これは友人の話だと言いたいところですが、実は私自身に起こったことです。

あなたがラスベガスに行ったことはないとしても、あくまで私の考えではありますが、あそこでやることはそれほどありません。いや、訂正します。やることはたくさんありますが、どれも2つか3つのカテゴリーに分類できてしまいます。

ナイトライフが好きな人なら、ラスベガスほど楽しい場所はないでしょう。しかし、私のようにそれほど好きではないのなら、高すぎるアクティビティで散財するか、あるいはギャンブルでお金をすることくらいしかやることはありません。

私は後者を選びました。あれは3度目のラスベガス旅行だったので、ギャンブルの世界というものをちょっと体験してみたくなったのです。前回のラスベガスではルーレットで200ドル勝ったのだから、自分はギャンブルに向いていないわけでもないという自負もありました。

ちなみに、これは私が大金を失う話ではありません。むしろ、私が運というものをまったく理解していなかったという話です。

世の中には、幸運をうまく操り、宇宙の意志を自分の利益のためにねじ曲げることができる人がいるようなのですが、私はそれがまったくわかっていなかったのです。

私はそんな状態でルーレットテーブルに向かいました。ポケットには幸運の1セント硬貨が入っています。そして隣に座っていた男性は、控えめに表現しても、汚れた衣服が山積みになった洗濯カゴのような臭いがします。

見たところ、彼が着ているスーツは清潔そうで、髪も脂ぎっていない。それでは、なぜそんな臭いがするのだろう？　私はどうやら、このルーレットテーブルで奇妙な状況に巻き込まれてしまったようでした。

臭いに反応して顔をしかめてしまったのかもしれません。というのも、その男性が申し訳なさそうに笑い、臭いについて謝ったからです。

臭いの元は、彼がはいている「幸運の靴下」でした。彼はズボンをまくり上げると、薄汚れたベージュの靴下を見せてくれました。穴だらけで、ゴムも完全に伸びています。おそらく元は白かったのが、洗濯をせずに何年もはき続けた結果、ベージュになったのでしょう。

お互いにチップを賭ける前に、その男性は気まずそうな笑顔でこう言いました。「最後に洗ったのは8年前なんです。験担ぎですよ！」

その瞬間、私は気づきました。私の幸運の1セント硬貨くらいでは、彼の靴下に太刀打ちできるわけがない。そのすぐ後に、私はルーレットテーブルを後にしました。

この『「運のいい人」の科学』は「運」についての本です。運がいいとはどういうことか。悪運を避けるにはどうすればいいのか。中でも特に注目しているのは、人生で起こることに自分の影響力を及ぼしたいという、人間の興味深い欲求です。

これは車の運転にたとえるとわかりやすいかもしれません。人は誰でも、自分でハンドルを握り、方向を変えられるほうが安心できると思うでしょう。ハンドルのない車に乗っていて、いきなり壁に向かって直進していくなんてとんでもない、と。

これを「運命」と呼ぶ人もいるでしょう。あるいは、「正しいときに、正しい場所にいる」という表現でもかまいません。私たちはみな、この種の宇宙のいたずらに自分なりの理論を持っています。「今プレーしているゲームに勝つ方法はこれだ」、というわけです（それが大きなゲームでも、小さなゲームでも）。

そして誰もが恐れているのは、肝心なときに間違った手を打ってしまうことや、せっかくの幸運を逃してしまうこと。その運がどんなものであれ、とにかく味方につけたいと思っている。その運には、理想の人生を創造する力もあれば、反対に人生を台無しにしてしまう力もあるように見えるのです。

もし、正しいときに正しい場所にいることができれば、キャリアに大きな転機をもたらしてくれるような人に出会うことができるかもしれない。どんなセレブや起業家も、そんな体験があるという話をしているではないか？

運とは結局のところ、生まれ持っての運命を別の名前で呼んでいるだけなのでしょうか？それとも、汚れた靴下のような幸運のお守りや、黒猫を避けるといった行動で、自分の思い通りに動かすことができるのでしょうか？

つまり簡単に言えば、**運のいい人になるにはどうすればいいのか**、ということです。

こんな質問自体がバカげていると感じる人もいるでしょう。でもそんな人でも、心の中では密（ひそ）かに質問の答えを求めているのです。

ありがたいことに、質問の答えはどんどん見つかってきています。運のよさは個人の資質の一部であり、その資質は自分でつくることができるということは、すでに証明されています。四つ葉のクローバーも、割れた鏡も関係ありません。いちばん大切なのは、「運」に対する私たち自身の考え方を変えること。それに、安心してください。汚れた臭い靴下は、まったく関係ありません！

この本を読めば、もっと運のいい人になり、「魔法のような人生」に近い人生を送ることができるのでしょうか？　この質問が、人生のあらゆる場面で自分にとってより有利な状況になるのかという意味なら、答えは「イエス」です。結局のところ、「運がいい」とはそういうことではないでしょうか。

なぜ運が大切なのか

私たちが考える「運」とは、めったに手に入らないものであり、予測できないものです。でも、運にはある一定のパターンがあり、それがいわゆる「成功」と呼ばれる状況で、決まった役割を果たしているとしたら？

私たちは、才能、努力、粘り強さといった個人の資質が成功のカギになると信じています。たしかにある程度までそれは正しいでしょう。とはいえ、**成功にはつねに、個人の資質では説明できないような要素も関係しています。**

作家で、リスク分析の専門家のナシーム・タレブと、経済学者のロバート・フランクによると、運は私たちが考えるよりもずっと大きな役割を演じている――むしろ実際のところ、運がすべてといっても過言ではないようです。

事業で大成功して巨万の富を築いた人に成功の秘訣を尋ねたら、リスクを恐れない勇気と、つねに成長を目指すマインドセットだという答えが返ってくるかもしれません。しかし、かつて世界銀行のエコノミストを務め、社会経済格差の研究に長年携わっているブランコ・ミラノヴィッチが行った研究によると、個人の収入額の50パーセントは、生まれた国と、その国で富がどのように分配されているかで決まるというのです。

また、経済学者のリラン・エイナフとリア・ヤリフは、経済学専門誌の『ジャーナル・オブ・エコノミック・パースペクティブズ』に発表した論文の中で、アルファベット順で前のほうになる文字で始まる名字の人は、テニュア（終身雇用が保証された大学教授）になりやすい傾向があると報告しています。おそらく彼らの上司は、この論文をとても興味深く読んだことでしょう。また、経済学者のベントリー・コフィとパトリック・マクラフリンが２００９年に執筆した論文によると、男性的な名前の女性は法曹界でより成功しやすい傾向があるようです。

私たちのチャンスや成功を陰で操っているように見えるこの「運」というものの正体は、どうやら政治、社会、経済のメカニズムが組み合わさってできているようです。しかし私たちにわかるのは、運がもたらした結果だけ。そしてその結果を見て、運はまったくのランダムだと結論づけるのです。もしかしたら、世界でもっとも「成功」した人は、世界でもっとも運がよかっただけかもしれない。あるいは彼らは、普通の人には見えない「運の法則」を体得したという可能性もある。

研究者のアレッサンドロ・プルキーノ、アンドレア・ラピサルダ、アレッシオ・ビオンドは、理論だけでは満足せず、数学モデルを使って、私たちが「運」と呼ぶものを定量化しようとしました。

このモデルでわかるのは、ある1つの集団の40年以上にわたるキャリアの変遷です。最初の段階で、集団に属する人たちの才能はさまざまですが、成功のレベルは同じです。そしてモデルを動かし、半年ごとに「ラッキーな出来事」が起こるようにします。

その結果わかったのは、ラッキーな出来事に遭遇した人は、本来の才能を基準にすると、その2倍の成功を収めるということ、そしてどんな集団であっても、つねに幸運な少数が成功を独占するということです。

つまり、才能の違いは正規分布ですが、成功はごく少数に集中するのです。現実の世界を見ても、人類でもっとも豊かな8人が所有する富が、下位50パーセントに入る数十億人もの人々が所有する富と同じという状況になっています。つまり、この数学モデルは現実を再現しているということです！

プルキーノ、ラピサルダ、ビオンドが発表した論文の一部を引用しましょう。

よく知られているように、知能（あるいは、より全般的な才能や個人の資質）は、ある集団の中で正規分布になるが、その同じ集団でも、一般的に成功の指標とみなされる富はベキ分布になる。つまり、ごく少数の人が富を独占し、それ以外の大多数は貧しくなるということだ。知能や才能といったインプットは正規分布であるのに、アウトプットのほうはスケール不変（訳注：尺度を変えても同じような結果になる）のベキ分布になる。ここからわかるのは、見えないところで何か秘密の要素が働いている可能性があるということだ。われわれはこの論文で、その秘密の要素とは単なる偶然性であると提唱したい。特に、われわれの単純なエージェント・ベース・モデル（訳注：自律的な個体、あるいは集合体の行為と相互作用をシミュレートするモデル）からもわかるように、人生で成功するにはある一定レベルの才能が必要だという言説が本当だとしても、もっとも才能のある人がもっとも成功するというケースはほぼ皆無である。もっとも才能のある人は、たいていの場合、才能は平均的だがかなりの幸運に恵まれた人の後塵（こうじん）を拝することになる。

ここでの最大の発見は何でしょう？　それは、**才能があっても、その後の成功は予測できない**ということです。

実際、才能はまったく関係ないとも言えます。たしかに才能があれば、運によって手に入れたチャンスを生かすことができるでしょう。しかし、才能だけでは不十分です。言い換えると、才能は平凡だが幸運な人のほうが、才能はあっても運のない人よりも成功するということです。セレブと呼ばれる人たちを見れば、特に驚くような発見でもないでしょうが……。

この研究の結果を受けて、いわゆるメリトクラシー（能力主義）に関する興味深い疑問が噴出しました。本物の才能や可能性をきちんと活用するには、この社会をどのように設計すればいいのでしょうか？

論文の執筆者たちが特に興味を持っていたのは、この発見をどのように生かせば運の働きを変えることができるのか、ということです。しかし、**私たちにとって肝心なのは、自分には何ができるのかということ**。本書の先を読めば、その答えがわかるようになっています。「ラッキーな出来事」に遭遇するチャンスを最大化するにはどうすればいいのか。運の分配を支配している隠れたルールを、自分の有利になるように活用するにはどうすればいいのか。

ここでの秘密の要素が「偶然性」であるなら、偶然に恵まれるチャンスをもっと増やす方法はあるのでしょうか？　持って生まれた才能と能力を磨いても成功が約束されるわけではないのなら、何が成功を連れてきてくれるのでしょう？

今のところは、成功に必要なのは堅実な戦略であり、運は「あったらいいな」という程度の飾りにすぎないという考えを捨てるだけで十分です——むしろ、運こそが唯一の戦略なのです！

運か、努力か

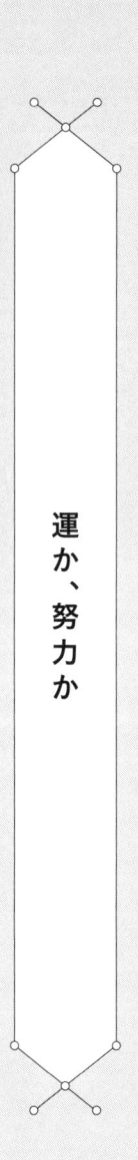

ウォーレン・バフェットが世界でも有数の成功者だということには、たいていの人が同意するでしょう。そんなバフェットも、運の法則を理解しています。彼はそれを「卵巣の宝くじ」と呼んでいます。

男に生まれるか、女に生まれるか、アメリカに生まれるか、アフガニスタンに生まれるか、金持ちの家に生まれるか、貧乏の家に生まれるかは「人生でもっとも重要なこと」であり、「どの学校へ行くか、どれくらい仕事をがんばるかといった他のすべてのことよりも、はるかに大きな意味を持つ」と、バフェットは言います。

とはいえ、クロアチア人のフラノ・セラックはどうでしょう？　彼は、「世界一運のいい男」と「世界一運の悪い男」という、まったく正反対の称号を持っています。セラックは何度も死にそうな体験をしながら、そのたびに生き残ってきたので、こう呼ばれるようになりました。

最初は列車事故でした。セラックは救助されましたが、この事故で17人の死者が出ました。人生で一度だけ飛行機に乗ったときは、飛行中に故障した扉から外に吸い出されましたが、干し草の山の上に落下して助かりました。その飛行機は墜落し、19人の乗客が死亡しました。４人が死亡したバス事故に巻き込まれたときも、彼はかすり傷だけでした。自動車事故も、1回どころか2回も遭遇しています。そして73歳の誕生日を迎えた直後、宝くじが当たって１００万ドルに相当するお金を手に入れました。

このセラックの人生を見て、運は関係ないと考えるのは難しいでしょう。これらの出来事の中に、彼の責任だといえるものが、はたして１つでもあるでしょうか？

次に、まったく違う事例についても考えてみましょう。１９６９年、中国人科学者の屠呦呦（トユウユウ）は、マラリア治療薬を研究するチームのトップに就任しました。多くのベトナム人兵士が戦場でマラリアに感染し、命の危険にさらされていたからです。

屠呦呦のチームは、数千もある治療薬の候補を絞るために、一つひとつ地道にテストを積み重ねていきました。クソニンジンという植物の成分にどうやら効果がありそうでしたが、結果が安定しません。クソニンジンの研究をさらに続けていたところ、彼女は偶然、１５００年前の中国の文献に書かれたある一節を目にしました。中国伝統医療の救急治療について書かれた本です。

屠呦呦はそれを読み、すべての実験の方法を変える必要があることに気づきました。植物から成分を抽出するときの温度も考慮する必要があったからです。

それから間もなくして、研究チームはマラリア治療薬を完成させました。屠呦呦はこの研究で何度も困難に直面しましたが、決してあきらめませんでした。実験を止められていたときに、自身がマラリアに感染したこともあります（その後、無事に完治しました）。結局、完成までには10年の歳月を要しました。

現在、屠呦呦がつくった薬は10億回以上も使用され、数百万人の命を救っています。彼女はノーベル生理学・医学賞をはじめ、数多くの賞を受賞しました。

しかし、研究を始めたときの彼女は、大学院の学位を持たず、研究の経験もなく、どの学会にも所属していませんでした。彼女は真面目で、勤勉で、仕事が丁寧でした。彼女の成功は、努力のおかげでしょうか？　それとも運のおかげでしょうか？　屠呦呦の物語は、フラノ・セラックの物語とどこが違うのでしょう？

その問いの答えは、**運と努力の両方に大切な役割があり、それぞれが興味深い協力関係にある**、ということになるでしょう。

ここでは、運は絶対的であり、努力は相対的だと言えるかもしれません。つまり、こういうことです。正しい遺伝子、最適のタイミング、自分の有利に働く人脈を持っているかどうかは運で決まる。これは宝くじに当たるようなものです。しかし、同じくらいの運に恵まれているのなら、ここで努力がカギになる。同じ宝くじに当たったのなら、より努力したほうが成功できるということです。

豊かな国に生まれるかどうかは、完全に運の問題です。しかし、同じように豊かな国に生まれたのであれば、努力によって周りと差をつけることができます。そして成功の規模が大きくなるほど、運がほぼすべてを決めるのです！　つまり言い換えると、努力をすればいいミュージシャンにはなれますが、時代を代表するロックスターになれるかどうかは純粋な運だということです。

先に登場したナシーム・タレブはこうまとめています。「中程度の成功なら、スキルと努力で説明できる。しかし巨大な成功は、予測できない偶然の結果だ」

つまり、くり返しになりますが、大切なのは、努力か、それとも運かということではありません。どちらも少しずつ必要で、どんな割合になるかは成功の規模で決まるということです。遺伝子の宝くじに当たったのは、あなたの努力の結果ではありません。その一方で、運動神経のいい家系に生まれ、家族の中で自分だけがアスリートとして成功したのであれば、それはおそらくあなたの努力のたまものでしょう。

あるいは、努力によって人生における成功の方向性は決まるが、その出発点（つまり運）は人によって違う、というように考えてもいいでしょう。不運を乗り越えることは可能であり、その反対に、せっかくの運を生かせないということもまたありえるのです。

たしかに、運をコントロールすることはできません。しかし、運を理解し、運を活用し、そして運に恵まれたときにそれを最適化することならできます。昔からよく言われているように、幸運とは、準備ができている人のところにチャンスが訪れることです。

努力なら自分でコントロールできます。**特にここで大切な努力とは、「運に触れる表面」を拡大すること**。そうすれば、何らかの幸運がやって来たときに、確実につかむことができるのです。

「はじめに」のまとめ

☆成功における運の要素は、私たちが考えているよりも大きいかもしれません。思いがけない幸運やチャンスといった現象をよく検証することで、運の働きを支配する見えない力をうまく操ることができるようになります。

☆科学的な研究によって、驚くべき事実が判明しました。スキルは凡庸だが運に恵まれた人のほうが、高度なスキルを持っているが運に恵まれなかった人よりも、成功する確率が高くなるのです。数学モデルを使った解析は、たいてい成功にスキルと才能はそれほど関係なく、いちばん大きな役割を演じるのは偶然性だという結果になります。

☆運は、最初に配られるカードを決めるという点で絶対的な要素です。ウォーレン・バフェットはこれを「卵巣の宝くじ」と呼んでいます。どこに生まれるか、どんな遺伝子を持っているか、といったことです。しかし、努力には意味がないというわけではありません。運が絶対的であるのに対して、努力は相対的です。つまり努力は、同じような運に恵まれた人と差をつける要素になるということです。

☆運にも努力にもそれぞれの役割があります。運をコントロールすることはできません。それでも、運の働きを理解し、運を生かせるようにふるまえば、チャンスが訪れたときに確実につかむことができます。

『「運のいい人」の科学』

目　次

第1章 「運」とは何か

第2章

「運のいい人」は何を信じているのか

第3章

「運のいい人」は何を考えているのか

第4章

「運のいい人」は何をしているのか

第5章

「運のいい人」のマインドセット

第6章

「運のいい人」の性格

第7章

「運のいい人」の戦略

第1章

「運」とは何か

運に関する科学的な研究の話はこれくらいにして、ここからは運の全体像を見ていきましょう。運とはそもそもどういうものなのか、そして、なぜ人々はこんなにも運を求めるのか。黒猫が前を横切っただけで、なぜそんなに気になるのか。応援しているスポーツチームの試合を観るときに、汚れて臭い「幸運の下着」を身につけるのはなぜなのか。

私たちはみな、人生は自分の行動だけで決まるわけではないと、なんとなく信じています。よくも悪くも、偶然の要素に左右されることもある。そしてこの偶然の要素を、私たちは「運」と呼んでいます。運がよければいいことが起こり、運が悪ければ悪いことが起こる。

運を信じる習慣はどんな文化にも存在します。有史以来、人類はさまざまな形で運を語ってきました。たとえば欧米では、昔から「落ちている1セント硬貨見つけて拾ったら、その日はずっと幸運に恵まれる」と言われています。またアジアの国では、あらゆる飲食店の店先に、猫がこちらに向かって手を振っている像が置いてあります。

いずれにせよ、ここで大切なのは、1セント硬貨や猫の像そのものではありません。人々にとってはるかに価値があるのは、幸運を手に入れるためにとにかく何らかの行動を取るということです。効果があることもあれば、ないこともあるでしょう。しかし、万が一にでも効果があるかもしれないのだから、やって損はありません。

縁起がいいことを積み重ねるのも大切ですが、悪運を避けることも多くの文化で重視されています。実際、悪運を避ける儀式や慣習は数え切れないほどあります。たとえば、13という数字は縁起が悪いので建物の13階は飛ばす、はしごの下を歩かない、といったことです。もしかしたらあなたにも、悪運を避けるための自分だけの決まりがあるかもしれません。

いずれにせよ、幸運のお守りや迷信が意味するのは、私たち人間は運をコントロールしようとしているということです。運はコントロールできないように見えますが、それでも努力はしている。

昔であれば、こういった運の働きは、運命や邪悪な霊の仕業だと考えられていました。そして現代に生きる私たちも、理由もなく起こることや、偶発的に起こることを、昔の人と同じように恐れています。そしてさまざまな手段を使って、そのような偶然のカオスを生み出す神様を、なんとかなだめようとしている。

運についてはっきり断言できることは1つしかありません。それは、誰もが運を味方につけたいと思っている、ということです。

人間には物事をコントロールしたいという欲求がある

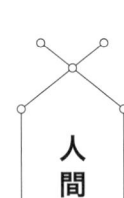

私たち人類は、歴史を通じて、世界や宇宙に関する知識を深めてきました。それでもなお、世の中は複雑でわからないことだらけです。私たちにできるのは、過去の経験から推測したり、現実のごく一部を理解したりすることくらいでしょう。たとえ世界一のエンジニアでもしくみが理解できず、魔法としか思えないような現象は、まだまだ存在するのです。

すべてのことには原因と結果があると、頭ではわかっています。しかしだからといって、あらゆる現象の因果関係がわかるわけではありません。むしろ、「なぜ物事がこうなっているか」については、思い込みで解釈することのほうがはるかに多いのです。自然界の大いなる働きを前にしたとき、これが私たち人間の自然な反応です。

そして私たちは、「運」という概念で、このような宇宙の複雑なしくみを説明しようとする。そうすれば、自分はこのカオスを何らかの形でコントロールしている、ただ振り回されているだけではないと思えるからです。

人間はつねにコントロールを求めています。次に起こることが予測できさえすれば、その知識を自分の有利になるように使うことができるというわけです。実際のところ、科学的な研究の根底にも、この考え方があるかもしれません！　そう考えれば、幸運のお守り、迷信、儀式といったものも、同じような衝動から生まれているともいえます（これらを科学的と考える人はいませんが）。

人間には、周りの世界をモデルで理解し、予測し、コントロールしようという強い衝動があり、その衝動があればこそ、科学や技術がこんなにも発展してきたのでしょう。しかし、そこには代償もあります。私たち人間は、何か理解できないことがあると、その穴を埋めるために自分にウソをつくのです。

物事が計画通りに進まないときや、望んだ通りの結果にならなかったとき、私たちは他の人のせいにしたり、あるいはただ運が悪かっただけだと考えたりする。こうやって「不運」というものは、中身のわからないブラックボックス、あるいは、説明できない出来事、因果関係がわからない出来事をすべて放り込んでおく箱になりました。説明できないという状況は大きなストレスになるので、すべて「不運」で片づけてしまおうというわけです。

ブラックジャックのプレイヤーは、自分の手は自分で決めることができます。どこでヒット（追加でカードを引くこと）し、どこでステイ（もうカードを引かないと宣言すること）するかは、自分でコントロールできる。それでも、最終的にお金を儲（もう）けることができるかどうかは、運に頼るしかありません。

たしかにブラックジャックには、「カードカウンティング」というテクニックがあります。すでに引かれたカードを記憶し、そのデータを使って山に残ったカードを推測すれば、単なる山勘ではない決断をすることができる。つまり、ブラックボックスを小さくし、運の要素をできるだけ排除するということです。

カードを記憶し、引かれるカードの確率を正確に計算したうえで勝ったのなら、それでもやはり「運がよかった」ということになるのでしょうか？　どこまでが運で、どこからが正確な情報に基づいた決断、あるいは統計を使ったリスク計算なのでしょう？

そして、運が運んでくるのは「いいこと」ばかりではありません。すんでのところで悪いことを避けられたという形の運のよさもあります。たとえば、自動車事故にあってもほとんど無傷で生き残った人は、自分のことを「運がいい」と考えるでしょう。

もしかしたら死んでいたかもしれないという状況は、考えるだけでもとても恐ろしいものです。運の力や、幸運の下着の力だけではどうにもならないかもしれません。**世界はそれほどまでに、偶然性があふれるカオスなのです。**

あなたがどこかに座り、この本を読んでいる今この瞬間も、あなたの知らないところでたくさんのことが起こっています。その中に、もう少しであなたの命を奪いそうだった出来事があってもおかしくありません。あなたはただ、それに気づいていないだけなのです。

私たちの周りではいつも何かが起こっています。そして、それらの出来事にこちらが何らかの手を加えたり、結果に影響を与えたりできないこともしばしばあります。カジノで勝つこと、高速道路で運転中にすんでのところで事故を免れることは幸運のおかげで、反対にカジノで負けること、実際に何らかの害を被ることは不運のせいです。

ということは、つまり運とは、自分の身に起こったいいことと悪いことを説明する手段にすぎないということになるのでしょうか？　まったくの偶然の出来事に何か意味を持たせるために、私たちは「運」という概念を利用する。そうすれば、何かが理解できたような気分になり、そしてひいてはコントロールできたような気分になるのです（本当のところ、理解もコントロールも単なる幻想ですが）。

「運」という概念が役に立つのは、理解不能のカオスを理解できた気になれるからだけではありません。他人に対しても便利に使うことができます。たとえば、自分が成功したのは能力が高いからではなく運のおかげだと説明すれば、成功していない人もそれほど劣等感を持たずにすむでしょう。

バスケットボールの試合で、終了間際にコートの中央から放ったロングシュートが決まり、チームは逆転勝利した――このような場合、シュートを決めた選手が普段からこの距離のシュートをどんなに練習していたとしても、やはり「ラッキーシュート」と呼ばれるのです。対戦相手も、たしかに負けて悔しいでしょうが、ラッキーシュートならしょうがないと考えれば、自分たちの非を認めずにすみます。

このように、「不運」もまた、自分の劣ったパフォーマンスを説明する言い訳になる。失敗を不運のせいにすれば、自分のエゴだけでなく、「世界はこうあるべきだ」という自分の正義も守れたような気分になれるからです。

これまでに見てきたような例からわかるのは、**私たちは運の概念を利用して、出来事に実際は存在しない意味を持たせている**ということです。そうすれば、自分も他人もいい気分になれる。

つまり究極的に、運とは神や自然の働きではないということです。私たち人間が、運という概念を創造したのです。理屈や合理性では説明できない物事に、運は何らかの意味を与えてくれる。つまり運は、理不尽な現実に対処するためのメカニズムだといえるでしょう。

運を科学する

　ここまで運の正体について読んできた人なら、運と科学は相性が悪いということは想像できるでしょう。そして実際のところ、私たちが「運」と呼ぶものは、科学の世界では別の名前がついている――それは、「**確率**」と「**蓋然性**（がいぜん）」です。

　どうやらよくよく調べてみると、このちょっとした表現の変更は、多くの人にとってあまり気分のいいものではないようです。それはおそらく、たしかに運をコントロールすることはできないかもしれませんが、少なくとも「運」という概念は、この偶然に支配されている世界をコントロールしているという感覚は与えてくれるからです。

　私たちは心のどこかで、運もやはり何らかの意図があって配られていると信じているのかもしれません。運命の定めに従っているということです。それに、より多くの運を手に入れるチャンスはつねにあると考えるなら、運の存在を信じることは、多くの人にとってより大きな安心材料にもなるのでしょう。

　プリンストン大学の数学教授で、ゲーム理論の研究でノーベル経済学賞を受賞したジョン・

ナッシュは、自身の半生を描いた映画『ビューティフル・マインド』の中でこんなセリフを口にしています。「私は運を信じないが、物事に価値を割り当てることはたしかに信じている」

ここでナッシュが言っている「価値」とは、おそらくランダムシナリオにおける蓋然性のことでしょう。つまり、「A」という状況における結果は、「B」かもしれないし、「C」か「D」かもしれない、ということです。

このような科学的なアプローチでは、将来に起こることを正確に予測することはできませんが、すでに明らかになっている情報をもとに、可能性のある結果それぞれが起こる確率を計算することならできます。

この方程式に運の要素はまったくありません。運は蓋然性という形の確率に置き換えられています。

こういった確率の計算をまったくしていない人であれば、自分の思い通りの結果になったら「運がいい」と考え、反対にそうならなかったら「運が悪い」と考えるでしょう。しかし、思い通りの結果が確率的にほぼ不可能であり、実際に起こらなかったとしたら、それは「運が悪い」ということなのでしょうか？

科学者であれば、運は関係ないと考えます。この場合の「運」は、人間による介入でしかない。運がいいとか悪いとかの問題ではなく、あなただからそうなったという問題でもありません。ただその結果になったというだけです。

そもそも、ある人にとってはいいことで、他の人にとっては悪いことが起こったとしたら、それは幸運な出来事なのでしょうか？　それとも不運な出来事なのでしょうか？　状況から人間の解釈を完全に取り除いたら、いったい何が起こるのでしょう？

科学者で、『偶然は存在しない』というブックレットの著者であるブラッド・ワトスンによると、ナッシュの考えは正解でもあり、間違いでもあるとのことです。ワトスンは、運は人間の存在にとって欠かせない要素だと信じていて、運を数値化する公式まで考えました。


１００運＝（４カルマ＋１謙遜）×（４欲求＋４行動＋４能力＋４貢献＋４天恵）

この公式をどう解釈するかは個人の自由だとワトスンは言っています。そして彼によると、運についてどう考えているかということが、その解釈に影響を与えるかもしれません。ここでもまた、運は個人の解釈という要素から逃れられないということがわかります。

とはいえ、ワトスンの他の主張、たとえば「自分はイエス・キリストとアルバート・アインシュタインの生まれ変わりである」という主張を知るだけで、運と思い込みは切っても切り離せないということがよくわかるでしょう。

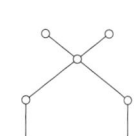

幸運をどう解釈すればよいか

「統制の所在」、あるいは「ローカス・オブ・コントロール」とは、行動や評価の原因をどこに求めるか、ということです。そして人格心理学の分野では、統制の所在を、「人生で起こることは、自分のコントロールの及ばない外部の力の結果ではなく、すべて自分の責任だ」という信念の強さであると定義しています。

これは重要な考え方です。なぜなら、「運」という現象と、運をどう解釈するかということは違うと指摘しているからです。

ここでもまた、運と解釈という問題が出てきました。私たち人間は、純粋に偶然の出来事であっても、そこに何らかの意味を見いだそうとするのです。

フランス人哲学者のジャン＝ポール・サルトルや、オーストリアの心理学者ジークムント・フロイトをはじめ、多くの哲学者や心理学者は、運を信じる人は統制の所在のレベルが低いと考えています。つまりそのような人々にとっては、運が個人の責任から逃げる手段になっているということです。

何かで失敗したときや、満足できない結果になったとき、運のせいにすれば少しは気が軽くなるでしょう。自分が悪かったと考えずにすむからです。自分のせいではないのなら、もっと努力する必要もなければ、アプローチを変える必要もありません。ただ今より少し運がよくなればいいだけです。運にさえ恵まれれば、自分はきっと成功できる、というわけです。

　このように、統制の所在は自分の外にあると考えると、コントロール権を自ら手放し、自分の人生の出来事をどこか他人事のように眺めることになる。一方で統制の所在が自分の中にあるなら、出来事をコントロールしているのは自分だと考えられます。

　心理学者たちは、このような「出来事の責任の所在」という概念に興味を持ち、それがどこまで影響力を持つのか調査しました。つまり、出来事に対する責任をどのように感じれば、幸福や成功にもっとも近づけるのか、ということです。

　とはいえ、心理学は統計学とは違うので、こういった心的態度を客観的な立場から正確に定量化できるわけではありません。実際のところ、私たち人間は、自分の人生で起こることをどれくらいコントロールできるのでしょうか?

　運とコントロールの話をするなら、「ギャンブラーの誤謬（ごびゅう）」という概念に言及しないわけにはいきません。ギャンブラーの誤謬とは、完全にランダムな事象であっても、そこには何らかの予測できるパターンがあるに違いないと思い込むことです。

ここで１つ質問です。コイン投げで表が連続して10回出たとき、次に裏が出る確率はどれくらいだと思いますか？

正解は50パーセントです。そもそもどんな条件であっても、確率はつねに50パーセントです。それでも私たち人間は、表が何回も続いたら、そろそろ裏が出てもいいころだ、次こそ裏だろうと感じてしまう。その結果、裏にお金を賭けるのです。

統計学の世界では昔から知られていることですが、数学的に計算した確率と、人間の脳が創造する物語が一致することはめったにありません。数学的な法則と人間の直感は違うということです。

たとえば、サイコロを振っていると、いずれ必ず「６」が出るはずだと感じるかもしれない――つまり、これだけ振っていればそろそろ出るだろうというわけです。この感覚には、統計的な裏づけも、確率論的な裏づけもないのですが、それは関係ありません。あなたはただ、自分にはコントロールできない事象の中に、何らかのパターンを創造しようとしているだけです。量を操作すれば、結果を変える、つまり運を味方につけることもできるかもしれないということです。

これはまた、ランダムな事象の裏にある理論を見つけたいということでもあります。現に人類は、太古の昔から、「星座」という形で、夜空に散らばる星にパターンを見いだしてきました。

もちろん、夜空の星の配置はまったくのランダムですが、人間はそこにパターンを見つけ、自分たちにとってなじみのある文脈の中に組み込もうとするのです。そのような能力は人類の生存にとって必要なものですが、確率を理解するうえではとてつもなくじゃまになるのです。

ギャンブラーの誤謬とは要するに、ただXが起こったという理由だけで、次はきっとYが起こるとか、もうXは起こるはずがないとか、あるいはまたXが起こるはずだなどと考えることです。

たいていの場合、Xが起こることも、Yが起こることも、それぞれが独立した事象であり、お互いに関係はありません。そう考えれば、偽りのパターンに惑わされず、もっと客観的な意思決定ができるでしょう。人間には物語に影響されやすいという性質があり、何かが起こると、存在しないかもしれない因果関係（あるいは罰や報酬）を探してしまうのです。

ランダムな事象の中に因果関係やパターンを見いだそうとする人間の性質は「アポフェニア」と呼ばれています。雲がウサギに見えたり、インクの染みが何か意味のある形に見えたりするのも、すべてアポフェニアで説明できます。

アポフェニアという言葉は、ドイツ人神経学者のクラウス・コンラッドがつくりました。コンラッドはこの言葉を、「無意識のうちにつながりを見ること」と定義しています。情報に意味を与えたい、自分がいる環境を理解したいという気持ちは、どうやら人類の進化的欲求から生まれているようです。

つねに自分の安心や安全を気にかけている人にとって、どうやらアポフェニアは重要な役割があるようです。現代でも、都会のコンクリートジャングルの外に暮らしている人はたくさんいます。彼らにとっても、アポフェニアは欠かせないものでしょう。危険のパターンを認識できれば、逃げることも、闘うことも、生き残ることも簡単になります。一方で危険のパターンを見逃すと、他の何ものかのディナーになってしまう。

アポフェニアの傾向が強いのか、それとも弱いのかということは、文字通り生死を分けることになりかねません。たとえば、木の葉が揺れ、鳥たちが一斉に飛び立ち、近くの茂みから土埃（つちぼこり）が上がっているのが見えたとしましょう。これらの事象を結びつけ、これはジャガーが近づいているパターンだと気づくことができなければ、あなたはジャガーのディナーです。

こう考えれば、存在しないかもしれないパターンを見ることができるのは、ギャンブルをしているときを除いては、どうやら人間にとってある種の恩恵でもあるようです。とはいえ、そのせいで現実を見る目がゆがんでしまうという可能性も、もちろんあります。

アポフェニアで特に注目したいのは、統制の所在との関係です。

「統制の所在」という概念を最初に確立したのは、高名なアメリカ人心理学者のジュリアン・ロッターです。１９５４年のことでした。この概念の中心にある考え方は、事象をコントロールする力が自分の中にあるか、それとも外にあるかということです。自分でコントロールしているのか、それとも他人や周りの状況にコントロールされているのか。自分の現実を自分でコントロールしているのか、それともただ他者に振り回されているだけなのか。

１９９０年、ロッターは、「コントロール権は自分の中にある」という考え方について、「自分の行動によって生じる結果が、自分自身の態度や性格と一致しているとみなすこと」と説明しました。

このような態度にはとてもたくさんの利点があります。たとえば、自分に自信がつき、積極的に情報を求めるモチベーションが生まれ、状況や人々により効果的に影響を与えるスキルを磨くことができる。それに加えて、自分がコントロールしているという自信がある人は、成功を求める気持ちが高まったり、あるいは政治活動に熱心になったりもします。これは考えてみれば当然のことでしょう。自分の行動には世界に影響を与える力があると信じていれば、その行動を起こす確率が高まるからです。

その一方で、ロッターは「コントロール権は自分の外にある」と信じている人は、「物事の結果は、偶然や運に左右される、力を持つ他者がコントロールしている、あるいは単に予測できない」と考えると説明しています。

こういった運命論的なものの見方にも、それなりの利点はあります。たとえば、全般的に物事を素直に受け入れられるといったことです。ある物事について、自分にはコントロールする力はないと感じている人は、きっと何が起こっても動揺することはないでしょう。その結果、だいたいにおいて平常心で人生を送ることができます。あるいは、物事に執着せず、すぐにあきらめる性格になるかもしれません。

まとめると、コントロール権は自分の中にあると強く信じている人は、自分の行動の結果に責任を持つということです。彼らは、自分で決めた目標を達成するために行動を起こします。そして、もしその行動が失敗に終わったら、自分の能力が足りなかったから、努力が足りなかったからだと考える。その一方で、コントロール権はだいたいにおいて自分の外にあると感じている人は、自分の成功や失敗は運の結果だと考える傾向があります。

他の多くの性質と同じように、「統制の所在」も白黒はっきりつけられるものではなく、むしろグラデーションになっています。完全にどちらかに偏った人もいるでしょうが、たいていの人はどちらの性質も持っています。

興味深いことに、コントロール権が自分の中にあるか、それとも外にあるかという態度は、時の流れとともに変わることもあります。生涯を通してあまり変わらないという人もいますが、一般的に、若い人と年配の人は、中年の人に比べ、コントロール権は外にあると考える傾向があるようです。中年期はキャリアの最盛期でもあるので、成功を求める気持ちがより強くなるからでしょう。

コントロール権は自分の中にあると強く信じている人は、自分のセルフコントロール力や、周りの環境に影響を与える力にも自信を持っているために、未来は自分でつくれると考えています。一方で子どもや高齢者の場合は、自分でコントロールできることが物理的に限られてしまうでしょう。

もちろん、人生で起こることに責任を持つという態度にも問題点はあります。人生で失敗は避けられません。そして失敗を経験すると、コントロール権は自分の中にあると信じている人は、失敗の原因が何であっても、他人や状況のせいにせず、自分ばかり責めてしまうのです。

それとは対照的に、コントロール権は自分の外にあると強く信じている人は、出来事や他人の行動に影響を与えるのはほぼ無理だと考えています。中でも極端な考え方をする人は、むしろ他人が自分をコントロールしていて、自分にできることは何もない、ただ運命を受け入れるしか道はないと、はなからあきらめてしまっています。

それでは、統制の所在と運の間にはどんな関係があるのでしょうか。ここで、運を強く信じている人、さらには運に大きく頼っている人を想像してみましょう。それは、コントロール権は自分の外にあると考えている人です。**運という概念は、自分にはコントロールできないという考え方と、とても相性がいい**のです。

運を信じることと、コントロール権は自分の外にあるという考え方は、どちらも同じような特徴があります。それは、起こったことをそのまま受け入れること、そして外側の出来事に頼ること。その出来事を理解できなくても、あるいは好きになれなくても頼りにするのです。むしろ、そうだからこそ頼りにするともいえるでしょう。

コントロール権は自分の外にあると強く信じている人は、人生で何らかの成功を経験すると、たいていは謙虚な態度でその成功を受け入れます。成功できたのは、自分のスキルや努力のおかげではなく、運のおかげだと考える。これは見せかけの謙虚さではありません。自分の成功は誰でもできることであり、自分はたまたま運がよかっただけだと、彼らは本気で信じています。そして何らかの失敗を経験したときも、自分の責任だとは考えません。運が悪かっただけだと感じているので、失敗を引きずることもないのです。

コントロール権は自分の外にあると信じている人は、他にも、自分から行動を起こすことが少ない、あるいは自分にとって最善の行動を起こすことが少ないという特徴があります。最悪の場合、こういった態度は、無関心、あるいは被害者コンプレックスと受け取られてしまうこともあるでしょう。

状況が複雑で混沌（こんとん）としている場合、彼らは何もせずに一歩下がり、成り行きにまかせようとします。自分にはどうしようもないとあきらめているのです。そしてご想像の通り、こういった態度が、大きな自己効力感や自信につながることはありません。

その一方で、コントロール権は自分の中にあると信じている人は、失敗したときは自分を責めます。失敗したのは他ならぬ自分自身なのですから。そして反対に成功したときは、それが自分のおかげであっても、そうでなくても、大きく自信を高めることになる。

コントロール権は自分の外にあると信じている人は、「幸運を祈ります」と言われたら喜ぶでしょうが、コントロール権は自分の中にあると信じている人は、逆に「自分に運は必要ない！」と気分を害するでしょう。あなたはどちらのタイプでしょうか？

その答えだけで、あなたが統制の所在についてどう考えているかがわかります。自分にコントロール権があると思っている人ほど、成功も失敗も自分の責任だと考え、その結果、さらに努力するようになるのです。

ここでの重要な問題は、運に対する考え方は、実際に人生で経験する運に影響を与えるのか、ということです。運の解釈が正しくても、あるいは間違っていても、成功ともっとも関係の深い運に対する態度というものは存在するのでしょうか？

安定した運、不安定な運

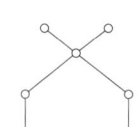

カリフォルニア大学ロサンゼルス校（ＵＣＬＡ）とコロンビア大学の研究者が、共同で運に関する研究を行いました。具体的には、運に対する解釈が人によってどう異なるか、そしてその解釈がそれぞれの態度にどのような影響を与えるか、ということを調べる研究です。

研究の結果、コントロール権は自分の外にあると考える人は大きく2つのグループに分けられるということがわかりました。それは、運は安定していると考える人と、運は不安定だと考える人です。

運が安定しているとは、運がいい人はずっと運がよく、運が悪い人はずっと運が悪いということです。運そのものは外側の力ではなく、むしろ性格の一部であると考えているといってもいいかもしれません。たとえば、マイケルがカジノへ5回行き、5回ともブラックジャックで勝ったのなら、マイケルはきわめて運のいい人であり、その運は一生続くということです。

一方で運は不安定だと考える人は、運は完全に自分の外側にあると信じています。運の働きを予測することは不可能で、同じ人でも運がいいときもあれば、悪いときもある。マイケルがブラックジャックで5連勝できたのもたまたま運がよかったからであり、その運がいつ尽きてもおかしくないというわけです。今日は運がよかったから勝てただけで、明日はどうなるかわからない。

それでは、この2つの態度には、それぞれどんな影響があるのでしょうか？

研究によると、コントロール権は自分の外にあり、そして運は安定していると考える人は、成功を求める気持ちがより高くなるといいます。運は安定しているという考え方は、より大きなパーソナルコントロール（自分の人生は自分でコントロールするという感覚）と相関があり、その結果、望んだ結果を手に入れるために積極的に行動を起こそうとするということです。

これは意外な発見かもしれませんが、さらに詳しく見てみれば納得できると思います。運は安定した力だと信じている人は、自分個人の運は自分の影響力の範囲内にあるとも信じている。その結果、目標の達成に向けて努力を続けることができるのです。たしかに相手は運ですが、これは量や働きが予測できる運です。自分にはそのような安定した運があるのだから、自分ほど運に恵まれていない人よりも優位に立てる、ということです。

反対に、運は不安定であり、自分にはどうしようもできないと信じていると、「挑戦してもしょうがない」というあきらめの態度になります。あらゆる出来事はすべて偶然の結果であり、気まぐれな運に振り回されているだけだと考えているかもしれません。そういう態度でいると、たとえいいことが起こっても、今はたまたまそうなっているだけで、この先もそうであるという保証はどこにもないということになります。このように、何も信じず、すべてを運命にまかせるような態度でいると、そもそも成功するために努力しようという気持ちにもならないでしょう。

ここで、レストラン業界を例に考えてみましょう。開店からわずか数年で閉店するレストランの数についてはさまざまな説があります。しかし、もっとも保守的に見積もった数字でも、3年以内に約60パーセントが閉店するとなっています。

コントロール権は自分の外にあり、運は不安定だと信じている人がこの数字を見たら、おそらく「挑戦してもしょうがない。どうせつぶれるんだから」などと言うでしょう。過去にレストラン業で成功したことがあったとしても、その経験は何の意味もありません。運命は気まぐれで残酷なので、つぶれるときはあっけなくつぶれる、というわけです。

それでは、コントロール権は自分の外にあると信じていても、運は安定していると考える人ならどうでしょう。今度は一転して、「成功するのは40パーセントだけだ。しかし私はたいていの人よりも運がいいので、その40パーセントに入れるだろう」と考えるかもしれません。それに加えて、以前にレストランで成功した経験があるのなら、「成功する40パーセントの中でもトップクラスに入れる」と考えたくなる可能性さえあります。

どちらのケースでも、成功の確率は変わりません。**ただ、確率に対する態度が違うだけ**です。

昔からよく言われているように、「打たないシュートは100パーセント決まらない」ということです。自分は何らかの形で平均よりも運がいいとただ信じているだけで、成功の確率は大幅に高くなる。これは、自信には魔法の力があるなどという話ではなく、ただ単に、自分は運がいいと信じていれば少なくとも挑戦はするだろう、ということです。挑戦しなければ、成功もしないのですから。

ある人物が自分は運がいいと信じていることは知っていても、その人が運は安定していると信じているか、それとも不安定だと信じているかがわからなければ、その人の成功に向けての熱意を外側から判断することはできません。しかし、この2つの情報を組み合わせれば、一般的に次のような結論を導き出すことができます。

コントロール権は自分の外にあり、運は安定していると信じている人は、たいてい「幸運」に恵まれる。なぜならそういう人は、コントロール権は自分の中にあり、運は安定していると信じている人と同じように、つねにチャンスを探しているからです。彼らは行動を起こします。

一方で、コントロール権は自分の外にあり、運は不安定だと信じている人は、一般的に受け身になります。そしておそらく、自分にはどうしようもできないと思っているために、無気力にもなっているでしょう。体重を減らしたいとがんばっているのに、運動をしても食事を変えてもまったく変化が表れなければ、がんばっても意味はないと思ってしまうでしょう。むしろ、何をしても変わらないのだったら、食べたいものを食べたって同じではないか……。

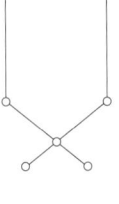

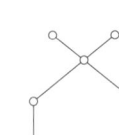

私たちが運を信じる理由

最後にもう1つ、コントロールと運に関する心理学について見ていきましょう。

オーストリアの心理学者フリッツ・ハイダーは、「帰属理論」という考え方を提唱しました。帰属理論とは、自分や他人の行動にどんな意味を見いだすか、ということを考える理論です。

帰属理論によると、人々が何かに意味を見いだす方法は2つあります。1つは「内的帰属」。これは、成功や失敗の原因を自分の内側に求める性質のことです。そしてもう1つは「外的帰属」で、こちらは成功や失敗の原因を外側の状況に求める性質のことをさしています。

あるセールスパーソンが、まったく何も売れない1日を経験したとします。それは、そのセールスパーソンにカリスマ性も営業のスキルもないからでしょうか？　それとも、ただ単に運悪く買う気のない顧客ばかりに当たってしまったからでしょうか？　どちらの答えを選ぶかで、あなた自身の帰属理論がわかります。

もうお気づきだと思いますが、帰属理論は統制の所在の考え方とよく似ています。帰属理論を提唱したハイダーは、人は他人の失敗は内的帰属のレンズを通して解釈すると信じていました。つまり、当人の個人的な性質が失敗の原因だということです。ところが、失敗したのが自分自身になると、今度は外的帰属で説明しようとする。失敗は自分の責任だと考えるのではなく、外側の状況や他人のせいにするのです。

何らかの形で成功を収めることに関しても、同じ理論が当てはまります。自分自身の成功であれば内的帰属で説明するのに、他人の成功は外的帰属で説明する。つまり他人の成功は、ただ単に運がよかっただけだということです。

自分が成功したら、それは自分の知性や魅力のおかげであり、自分が失敗したら、それは単に運が悪かったか、あるいは外側の状況に責任があるからということになる。これはとても便利な考え方であり、便利な言い訳です。

人間というものは、つねにいいとこ取りを求めています。成功したらほめてもらいたいけれど、失敗したときは自分のせいにしてほしくない。こう考えれば、結果の原因をどこに求めるかということの大部分は、感情や動機によって決まっているということがよくわかるでしょう。成功したときは自分の手柄だと信じていい気分になり、失敗したときは何か他のもののせいにして責任逃れをするのです。

また、私たちは他者からの批判に対しても同じような態度で応じる傾向があります。批判の正当性を認め、適切に対処するのではなく、むしろ不当な個人攻撃だと考える。悪いのは自分ではない、この世界が不公平で不正に満ちているのが悪いのだ、というわけです。中でも、失敗することを極端に嫌い、いつでも自分をよく見せたいという欲求がある人は、特にその傾向が強くなります。

しかし、そのような自分に都合のいい帰属の考え方は、長い目でみれば自分にとって害にならないのでしょうか？　失敗の責任からずっと逃げ続けていたら、失敗から学ぶことができず、同じ失敗をくり返すことになってしまいます。

それに加えて、成功のもっとも大きな要因は運だと本気で信じていたら、少し逆境にぶつかっただけですぐにあきらめてしまうでしょう。できない言い訳ばかりする人は、たいていこういった考え方が背景にあります。

また私たちは、苦しんでいる人を見ても「自己責任」で片づけようとする傾向もあります。それは無意識のうちに、自分を同じ苦しみから遠ざけようとしているからです。その人個人の責任なら、自分には関係ない、というわけです。

それに加えて、私たちは、自分は他の人たちよりもずっと複雑な人間だと考える傾向もあります。自分のほうがより多面的で、予測がつきにくい、と。たいていの人は自分のことばかり考え、他者の複雑な内面にはそれほど興味がないために、そんなふうに信じてしまうのです。

ここまで人間の自然な傾向についていろいろ見てきましたが、結局のところ、これらの事実からどんなことがわかるのでしょうか？

自分は自分の言動に責任を持っている、だいたいにおいて自分の運命は自分でコントロールしていると信じている人なら、運の要素に頼る必要はまったくないでしょう。勝利も敗北も、すべて自分の責任です。**おそらく、私たちが運を信じるのは、避けられない失敗から自分の心を守るためなのでしょう。ある意味で、自己責任という考え方は、運という概念とほぼ真っ向から対立するのかもしれません。**

ここに、まったく同じ才能を持ち、同じくらいの努力家が2人いるとしましょう。1人が昼休みで外に出ている間、自分のデスクでランチを食べていたもう1人は、ある人材エージェントに発見されました。昼休みにオフィスに残っていたほうは、単に運がよかったのでしょうか？　そして昼休みに外に出たほうは、単に運が悪かったのでしょうか？

そうかもしれません。

ここまで読んで、「つまり運を信じるのは自分の足かせになるということなのか」と思ったかもしれませんが、必ずしもそういうことではありません。問題は、自分に状況は変えられないと信じることと、自分は運命に翻弄されるだけだと信じることです。自分には現実を変える力があると気づくことで、一般的に「運がいい」と呼ばれる状況にめぐりあうチャンスも増えるのです。

結局のところ、運は人生を決めるもっとも大きな要素ではありません。しかし、運はまったく関係ないというわけでもないのです。

第1章のまとめ

☆人間には、「世界は自分に理解できる場所であってほしい。その世界を自分でコントロールしたい。その世界に影響を与えたい」という本能的な欲求があります。世界の動きを予測し、モデル化し、管理したいと思っているのです。しかし、この欲求と、パターンのないところにもパターンを見つけるという人間の傾向が組み合わさると、確率の解釈が現実とはかなりかけ離れてしまうかもしれません。

☆偶然の出来事をどのように経験し、どう説明するかということ、そしてそれらの出来事の原因をどこに求めるかということは、個人によって大きく異なります。コントロール権は自分の中にあると信じる人もいれば、外にあると信じる人もいる。前者は人生の出来事の原因は自分にあると信じ、そして後者は、自分はコントロールできない外側の状況に振り回されているだけだと信じています。

☆研究によって、統制の所在に対する態度は、さらに細かく分類できることがわかりました。コントロール権は自分の外にあると信じている人の中には、運は安定していると考える人と、運は不安定だと考える人がいます。前者は、自分は安定して運がいいと考え、そして後者は、運がいいときもあれば悪いときもあり、自分にそれはコントロールできないと考える。一般的に、運は安定していると考える人は積極的に行動を起こす傾向があり、成功の可能性も高くなります。

☆帰属理論とは、物事の原因をどこに求めるかということです。原因は自分の中にあると考える人は、成功も失敗も自分の責任だと考え、反対に原因は自分の外にあると考える人は失敗の責任を取ろうとしない。どちらの考え方をするかということは、人生で実際に行動を起こすかということ、成功を達成できるかということに、大きな影響を与えます。

第2章

「運のいい人」は何を信じているのか

あなたが運についてどう考えていようとも、こんなにたくさんの人が運を欲しがっているのですから、運はかなりの貴重品であることがわかります。そして、あらゆる貴重品がそうであるように、誰もがあればあるほどいいと考えます。

とはいえ、すでに見たように、意図的に運を増やすことはできません。魔法の呪文は存在しないのです（残念ながら！）。それでも、成功の確率を上げるために、私たちに変えられることならあります。私たちの態度や考え方、何を信じるかということには、大きな力がある。なぜなら、それらが私たちの行動に影響を与えるからです。

そう考えれば、世の中に運を向上させる方法や、間接的に幸せを実現する方法がたくさん存在するのも、特に驚くことではないでしょう。市場にニーズがあるなら、解決策は次々と出てくるのです。ただし、そのすべてが実際に問題を解決してくれるとはかぎりませんが……。中には、ただ売ることだけが目的の解決策もあるでしょう。

この章では、運を呼び込むとされている方法のうち、もっとも一般的な2つの方法を詳しく見ていきます。その方法には、本当に運を呼び込む効果があるのか。あるいは、自分の人生と幸せをコントロールしているという幻想を、人々に与えているだけなのか。

すでに見たように、運そのものと、運に対する私たちの考え方は、まったく別のものです。この本が目指しているのは、実際に「運をよくする」という効果をあげること。ただそれらしい儀式を行って気分がよくなることではありません。

世の中にはさまざまな「運を呼び込む方法」があります。人気テレビ番組でも紹介されたりしますが、たいていは裏づけとなる科学的な根拠は特にありません。言い換えると、なんとなく効果はありそうだけど、単なる一過性の流行でしかない、ということです。ただし、さらに深く掘ってみれば、意外な発見があるかもしれません。

もしかしたら、運をよくする方法は本当に存在するのかもしれませんが、これらのよくある方法がはたしてそうなのでしょうか？　詳しく探っていきましょう。

引き寄せの法則

おそらくほとんどの人が「引き寄せの法則」という言葉を聞いたことがあるでしょう。意味はよくわからないという人もいるでしょうが、とにかく言葉は知っていると思います。引き寄せの法則とは、簡単に言えば、自分の思考が自分の現実をつくるということです。理想の状態を頭の中で思い描けば、そのイメージが現実になる。ここでのカギは、できるだけ鮮明に思い描くことです。

あなたが愛と幸せにあふれた人生を望んでいるとしましょう。引き寄せの法則によると、ただその人生を想像するだけで、いつか本当に愛と幸せが手に入るのです。ここで大切なのは、正しい行動が特に必要とされていないということです。

どうやら宇宙は、一般的な原因と結果の法則とは違う法則で動いていて、ある特定の目標と同じエネルギー、同じ振動、あるいは同じ周波数が自分の中にあれば、その目標を引き寄せられるというのです。この引き寄せの法則には、さまざまなバージョンがあります。

グーグルで「引き寄せの法則」を検索すると、「本当に効果がある」と主張するありとあらゆる方法が出てきます。人々のエンパワーメントを目指す団体の「ウィー・シェイプ・ライフ」は、引き寄せのメソッドを7つの簡単なステップで説明しています。

1　5分から10分の瞑想（めいそう）で精神をリラックスさせる。
2　欲しいものを具体的に想像する。細部まで鮮明に思い描く。ここでは一切、疑いの気持ちを持ってはいけない。
3　欲しいものを届けてくださいと宇宙にお願いする。
4　自分の望みを紙に書き、それが実現したと想像する。

5　望みが実現するのを感じる。すでに実現したかのように考え、話し、行動する。
6　宇宙が届けてくれたすべての祝福を記録し、それらに感謝する。
7　宇宙を信じ、辛抱強く待つ。

この一連のプロセスについてどう思うかはあなたの自由です。疑り深い人であれば、視覚化、ポジティブなアファメーションといった方法に、あまり効果があるとは思えないでしょう。とはいえ、この種の方法にもある一定の効果があることはわかっています。

ここでの問題は、引き寄せの法則の正しさを証明するたしかなエビデンスは存在するのかということ。引き寄せの法則は科学的に正しく、実際に人生を向上させる効果があるのでしょうか？　それともこれは、単に自己啓発の仮面をかぶったエセ科学なのでしょうか？

1999年、カリフォルニア大学のリエン・ファムとシェリー・テイラーが、引き寄せの法則には本当に言われているような効果があるのかたしかめようとしました。2人が研究の対象にしたのは、引き寄せの法則の教義そのものではなく、引き寄せの法則を実践する方法とされている「ファンタスティカル・シンキング」です。

ファンタスティカル・シンキングとは、ポジティブな内容のファンタジーを夢想することで、外側の世界に直接的な影響を与えることを目指す手法です。もうおわかりのように、これは臭い靴下をはいていればカジノで勝てるという思い込みと大差ありません。

それでも2人は、研究によって効果の有無を証明することにしました。まず、研究に参加した学生を3つのグループに分けます。

・グループ1：毎日数分間、数日後に迫った重要な中間試験でいい成績を取り、いい気分になっている自分を視覚化する。
・グループ2：毎日数分間、いつ、どこで、どうやって実際に試験勉強を行うかを視覚化する。
・グループ3：これは統制群であり、試験について何かを視覚化するような指示を出されていない。

結果はなかなか興味深い内容になりました。

グループ1の学生は、勉強時間がもっとも少なく、成績も最低でした。たしかに、視覚化している間は「気分がよかった」という利点もありますが、実際の成績が悪かったのですから、気分がよくてもあまり慰めにはならないでしょう。引き寄せの法則は自分には効果があったと主張する多くの人々も、この結果から何か学ぶことがあるかもしれません。

勉強している自分を視覚化したグループ2の学生は、実際によく勉強し、他の2つのグループよりいい成績を取りました。それに加えて、試験へのストレスも減ったと報告しています。ファムとテイラーの研究からわかるのは、視覚化にはたしかに効果があるが、ただポジティブな結果を夢想するだけで願望が現実になるわけではないということ。つまり、引き寄せの法則の効果は実証されなかったということです。起こってほしい変化を想像するだけでは幸運を呼び込むことはできませんが、その変化を起こすために必要なことを視覚化するという行為には、たしかに効果があるようです。

とはいえ、たった1つの研究だけで、引き寄せの法則に効果はないと決めつけるのも間違っているでしょう。

2015年、学術誌の『欧州社会心理学ジャーナル』に、引き寄せの法則の効果を検証する研究が紹介されました。学生を対象に、引き寄せの法則を使えば実際に好きな人と付き合えるか、という実験を行ったのです。

エッティンゲン、カッペス、グッテンベルク、ゴルヴィツァーの4人からなる研究チームは、実験の参加者に、自分の好きな人と何らかの形で交流するさまざまなシナリオを与え、それぞれの場面について想像するように言いました。

次に4人は、参加者たちが想像した内容を「とてもネガティブ」から「とてもポジティブ」

の範囲で分類しました。ポジティブな夢想の中には、部屋の反対側にいる相手と目が合い、お互いに一目惚れするといった、ありがちな内容も含まれています。

逆にネガティブに分類された夢想には、かなり悲惨な内容もありました。たとえばある女子学生は、「私たちは2人ともフリーで、彼が私のほうを向いて笑顔で話しかけてきた。それなのに私は、なぜか自分にはすでに彼氏がいると答えてしまう」という想像をしています。

そして5カ月後、研究チームは実験の参加者を再び集め、好きな人とその後どうなったかを調査しました。平均すると、好きな人とのポジティブな交流を想像した学生は、ネガティブな交流を想像した学生に比べ、好きな人に実際にアタックしたり、何らかの形で関係を発展させようとしたりすることが**少ない**という結果になったのです。

なぜこんな結果になったのか。最初の研究で、試験のいい結果を夢想した人たちと同じように、好きな人とのポジティブな交流を夢想した人たちも、夢想している間はいい気分だったかもしれませんが、ポジティブシンキングが現実になることはなかったのです。

ただいい結果を願うだけでは、自己満足に陥るだけです。もしかしたら、ポジティブシンキングによってすでに願いがかなったような気分になり、わざわざ行動を起こす必要はないと思ってしまうのかもしれません。

研究チームの1人のガブリエーレ・エッティンゲンが、ポジティブシンキングについてさらに研究を行いました。今度は、キャリアについてのポジティブシンキングは、実際にキャリアの発展と相関するのかという研究です。

まず大学4年生の学生を集め、卒業後に理想の仕事に就く自分を想像することがあるか、あるならどれくらいの頻度で想像するか尋ねます。そして3年後に同じ学生の追跡調査を行ったところ、キャリアの成功をより高い頻度で夢想する人ほど、実際に求人に応募する数も、仕事のオファーを受ける数も少なく、収入も低いということがわかりました。これではまるで、ポジティブな夢想はポジティブな結果を引き寄せるのではなく、むしろポジティブな結果の代わりになっているかのようです。

以上の3つの研究結果を統合すると、**実際のところ、引き寄せの法則はむしろ有害であり、願望を現実化する助けにはなっていない**ようです。

その理由を考えてみましょう。ポジティブなことを考えるとたしかにいい気分にはなれますが、いい気分は受け身的な態度につながります。これはたとえるなら、薬で痛みを消すだけで、痛みの根本的な原因は放置しておくようなものです。言い換えると、願望をすでに実現したような気分になると、願望の実現に向けて積極的に行動を起こそうとはしなくなるということです。

引き寄せの法則で大切なのは思考であり、願望は実現すると信じることです。引き寄せの法則を提唱する人たちは、ただリラックスしていればいい、問題はすでに舞台裏で解決していると主張することもあります。この言葉を信じると、緊張感や切迫感が失われるので、短期的にはいい気分になるでしょう。しかし同時に、何とかしようと行動を起こす意欲も殺がれてしまうのです。

それでは、ポジティブシンキングの利点と、精神が持つ力を活用するには、どうすればいいのでしょうか？　それらを活用しながら、現実逃避のファンタジーで満足してしまわない方法は、はたしてあるのでしょうか？

ただ願望は実現すると夢想するだけで、何も行動を起こさないのは、どうやらむしろ害にしかならないようです。その一方で、願望を実現するために行動を起こす自分を視覚化すると、実際に行動を起こす確率が高くなる。

つまり、ここで大切なのは、ファンタジーの質と中身であるようです。ポジティブな思考や夢には、たしかに欲しいものをはっきりさせる力があります。とはいえそれだけでは、実際に行動を起こすことにつながったり、幸運を引き寄せたりはできないのです。

それでもなお、引き寄せの法則はまだまだ人気があります。それはおそらく、私たちの中に、実際に努力をしないで願望を実現したいという気持ちがあるからでしょう。しかし残念ながら、それは無理な相談です。実際、努力もしないで結果だけを求める怠け心を捨てられない人は、むしろ望まない結果を手に入れることになってしまうのです。

つまり、こういうことです。人生に「幸運」を呼び込みたいなら、ポジティブなことが起こるような環境を整えなければなりません。夢の仕事を手に入れ、収入を増やしたいという願望があるなら、まずその仕事にふさわしい人物になる必要がある。つまり、勉強し、スキルを磨き、必要な人脈をつくる努力が欠かせないということです。

視覚化とアファメーションのメソッドを活用し、フリースローの腕を上げる、あるいはテスト前のストレスを軽減するといった具体的な目標ではなく、もっと漠然とした目標を達成するには、どうすればいいのでしょうか？

答えは簡単です。目標を達成した自分ばかり夢想するのではなく、そこにいたるまでの過程を視覚化すればいいのです。具体的な例で考えてみましょう。

あなたの目標が、痩せてスタイルがよくなり、南の島のバカンスでかっこいい水着姿を披露することだとしましょう。ここでスタイル抜群の自分をただ想像するだけでは、理想のスタイルにはなれません。

しかし、ジムで運動する自分、近所でウォーキングをする自分を想像すれば、実際にそれらの行動を起こす確率が上がるかもしれない。「自分は意志が強い。運動を続けられる」というアファメーションをくり返せば、実際に疲れている日や気が乗らない日でもサボらず、目標を達成できるという自信が高まるかもしれない。

くり返しになりますが、これは幸運に恵まれる状況を整えているということであり、ただ願望の実現を願うのとは違います。あなたが想像しているのは、目標に到達するまでのステップです。目標を達成した自分を想像するだけで、そのために必要な過程は無視しているのではありません。

夢や願望もまったく役に立たないわけではありません。しかし、現実との接点がまったくないのであれば、夢は夢でしかないのです。夢や願望を視覚化すれば、自分が欲しいものをより具体的に知ることができるでしょう。しかし、ただ夢想するだけでなく、そこから何らかの行動を起こさなければなりません。本当に夢を実現したいのなら、現実の世界で変化を起こさなければならないのです。

やる気やモチベーションを向上させたいなら、目標に向かって努力している自分を視覚化しましょう。視覚化やアファメーションが持つ本当の力とは、自分には運を呼び込む状態をつくり出す力があると信じられるようになることです。

ただ信じるだけで幸運に恵まれることはありません。信じるだけで実現するという考えは、コントロール権は自分の中にあるという態度のふりをしているだけで、実際は究極の他力本願です。ただ願ったり、待ったりするだけでは、幸運はやって来ません。どんなに強く願っても同じことです。

自己成就的予言

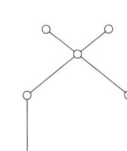

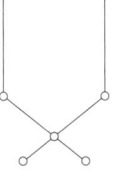

この「自己成就的予言」という言葉は、20世紀に活躍したアメリカ人社会学者のロバート・K・マートンがつくりました。とはいえ、自己成就的予言の実例は、はるか昔の古代ギリシャや古代インドの文学にも登場します。ほとんどの人も、実際に自分の人生で自己成就的予言を経験したことがあるでしょう。

自己成就的予言とは、基本的に、何かの予言が、直接的にせよ、間接的にせよ、結果に影響を与えるということです。予言によって何かが起こると信じ、その信じる気持ちが実際に行動や態度を変え、その結果、予言が現実になる可能性が高くなるのです。

つまり簡単に言うと、ポジティブな予言、ネガティブな予言、強い思い込みや幻想といったものには、人に大きな影響を与える力があり、その影響を受けた人たちは、予言や思い込みが現実になるような反応をする、ということです。

たとえばギリシャ神話に登場するオイディプスの物語は、典型的な自己成就的予言といえるでしょう。オイディプスの父親は、息子が自分を殺すという神託を受けたために、息子のオイディプスを遠くの場所に捨てることにしました。そして父親を知らずに育ったオイディプスは、大人になってから出会った男を、自分の父親とは知らずに殺してしまうのです。

もう1つ、身近な例をあげましょう。面接で悪い第一印象を与えてしまうことを心配するあまり、前の晩はストレスで明け方まで寝つけず、そのせいで寝坊し、さらに面接中も疲れと寝不足から集中できなかったために、実際に最悪の第一印象になってしまった。これもまた、典型的な自己成就的予言です。

この現象は、心理学の世界では「行動的確証」と呼ばれています。期待が行動に影響を与え、その結果、実際に期待通りのことが起こる。面接で大失敗し、意気消沈して家に帰ると、「ほらね。失敗すると思ったよ」と考えるのです。

これは考えてみれば当たり前のことでしょう。誰かから「あなたはこういう人だ」と思われていたら、その期待がいいものでも、悪いものでも、あなたは期待通りに行動しようとする。これは運や確率といったあいまいな話ではなく、ただ単に、期待が知覚に影響を与えているということです。

そして期待と知覚は、どうやら私たちが「運」と考えるものの中で、かなり重要な役割を演じているようなのです。自分は運が悪いと信じているなら、実際に悪運を呼び込むような態度や行動を選ぶでしょう。自分の思考や意図の力で悪循環をつくり出し、ただその中でぐるぐる回っているのです。

同僚たちを前にして初めてプレゼンをしたときのことを、私は今でもはっきり覚えています。あれは、自分が行った何かの調査の結果を発表するプレゼンでした。

自分はきちんと調査を行い、数字もすべて正しいと、頭ではわかっていました。それでも、いざ本番となると、なかなかそこまで自信が持てません。何か大切なことを言い忘れるのではないか、声が小さすぎて聞こえないのではないかと、心配事ばかり頭に浮かんできます。

そこでプレゼンの当日、私は心配事の正反対のことをしてやろうと決めました。その結果、ほぼずっと怒鳴ってばかりで、話は長すぎ、聞いているのが苦痛になるほどのろのろしゃべるプレゼンになってしまったのです。聴衆からは、「こいつは頭がおかしいのか？」と思われたことでしょう。

思い込み、特にネガティブな思い込みは、かえってそのネガティブな結果を引き寄せてしまう。私のプレゼンは、まさにその完璧な事例になってしまいました。

それでは「運」の場合はどうなのか。自分は運が悪いと信じている人は、ポジティブな出来事があってもすべて無視し、ネガティブな出来事ばかりに集中するでしょう。これは、私たちの誰もがしていることです。職場で何事もなく順調な一日をすごしていても、何か1つでも失敗すると、とたんにその一日が台無しになったような気分になる。

たいていの場合、その原因は、ネガティブな事象に集中するあまり、幸運につながる行動とは正反対の行動を取ってしまうことです。柔軟に思考し、さまざまな可能性に対してオープンになるのではなく、恐怖によって視野が狭くなり、周りが見えなくなる。

自己成就的予言はとても強力で、たとえポジティブな結果であっても、自分のネガティブな予言に合わせるために、ネガティブに解釈させるような力まで持っています。

たとえばあなたが、自分の恋愛運は最悪だと思い込んでいるなら、最初のデートが普通の結果、あるいはポジティブな結果であっても、デートは大失敗だったと自分に言い聞かせ、相手に二度と連絡しないかもしれない。これでデートの相手は、永遠にあなたの人生から消えてしまうのです。判断を二度目のデートまで待っていれば、もしかしたら運命の人だったかもしれないのに。そしてあなたは、周りに向かって「自分は恋愛運がない」と言うのです。なぜなら、自分でそう信じているから。

ここでおもしろいのは、この現象が引き寄せの法則にとてもよく似ているということ。しくみは同じですが、効果はまったくの正反対です！

運の悪さを測る物差しは、特定の出来事や状況だけではありません。何かの物体が悪運を運んでくると信じている人もたくさんいます。たとえば、問題が起こるときは、いつもある決まった靴下をはいている（あるいはその靴下をはいていない）のかもしれない。何かとても恥ずかしい思いをするときは、いつもある特定の曲が流れているのかもしれない。自分の魅力的でない名前や、おかしな外見、何らかの過去の経験によって、自分は永遠に呪われる運命にあると信じ込んでいる人もいます。

対象が何であれ、とにかく何かが悪運をつれてくると信じている人は、その何かが存在する場所では、いつもと違う態度になるでしょう。不健全な形でそれに執着し、そして究極的には、いつもの自分ではなくなってしまうのです。

ニキビのせいで社交生活が台無しだと思い込んでいる人は、他人と目を合わせようとせず、誰かに見られたら気まずさで身がすくんでしまう――どちらも社交生活を台無しにするまたとない方法です！　ニキビを気にするあなたは、いつものあなたではなくなり、自然にふるまうことができない。そのため、何もかもがうまくいかないような気がしてしまう。アスリートがゲームの戦略を考えすぎ、結局は実力を発揮できず失敗してしまうのもこれと同じです。

反対に、自分はとても運がいいと信じている人は、実際に幸運を呼び寄せる可能性も高くなる。もちろん幸運は、何もないところから魔法のように現れるのではありません。**幸運に恵まれるコツは、自分の利益になるような状況を遠ざけないこと**です。

いつもポケットに入れて持ち歩いているウサギの足のお守りは、それ自体に魔法の力があるわけではありません。ただ、それを持っていれば笑顔になれる、思考がポジティブになる、独創的な解決策を思いつき、すぐに行動を起こすことができると信じているのなら、それは実質的に「幸運を呼ぶウサギの足」なのです。

思い込みの力

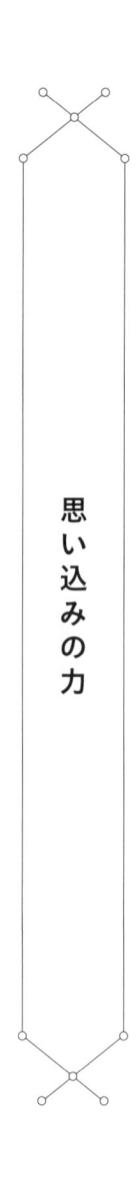

劇作家のテネシー・ウィリアムズは、「運とは、自分は運がいいと信じることだ」と言いました。これはなかなかの皮肉です。ただ願うだけでは、願いを実現することはできませんが、すでに見たように、実現すると信じれば実現する。つまり、たとえ運などというものは存在しなくても、運を信じる価値はあるということです！

運とは、超自然的な力や、偶発的な出来事というよりも、むしろ解釈の問題だと考えたほうがいいでしょう。中立的な出来事でも、解釈のしかたによって、その出来事の展開に具体的な影響を与えることになるのです。

運を信じると「好循環」に入ることができる――つまり、信じていることを裏づけるような出来事が起こり、ますます信じる気持ちが強くなるということです。

直感には反するかもしれませんが、自分は運がいいと信じていると、より努力し、よりきちんと計画を立てるようになります。それに加えて、小さなチャンスや、解決策になるかもしれないものを見逃さず、活用できるようになる。反対に運を信じていない人は、チャンスや解決策を見逃してしまうのです。

ハートフォードシャー大学心理学教授のリチャード・ワイズマンは、2003年に『運のいい人の法則』（角川文庫）という本を出しました。彼はその本の中で、自分が行ったある実験について書いています。

参加者を集め、新聞に印刷された写真の数をかぞえてもらう。それと同時に、その同じ新聞の次のページに、パズルの答えを「隠して」おく。実験の結果、自分は運がいいと思っている人は、自分は運が悪いと思っている人に比べ、次のページを見て解決策を見つける確率が高かったといいます。

つまり、キツネにつままれたような話ではありますが、自分は運がいいと信じている人は、本当に運がよかったのです！

あなた自身も、身の周りでこのような例に気づくようになってきたかもしれません。準備がいいタイプの人は、いつもティッシュを持ち歩いているので、誰かが鼻血を出したときにさっそうとバッグからティッシュを取り出し、「ほら！　運よくティッシュを持っていたよ！」と誇らしく宣言する。

反対に、悲観的で、いつも自分の運の悪さを呪っているような人は、自分の状況を改善するための努力はほとんどせず、そして思い通りの結果にならなかったときは、何か超自然的な力が自分を苦しめようとしているからだと考える。そのような人は、もしかしたら、ただ自分は運が悪いという思い込みの正しさを証明するために、無意識のうちに失敗を招き寄せるようなことまでしているかもしれません。

フランスはパリの社会科学高等研究院の経済学者アラン・カーマンは、たとえば空いている駐車スペースを見つけるなど、一般的に「運がよかった」と解釈される事象のいくつかを検証しました。その結果わかったのは、人は自分でも気づかないうちに、悪運のスパイラルに陥っているかもしれないということです。

ある出来事をどう解釈するか、何が原因で起こったと考えるかといったことは、積み重なると強い思い込みになり、自分の言動によってその思い込みがさらに強化され、やがて世界は自分を苦しめようとしていると本気で信じるようになる。しかし実際は、自分の行動が自分を苦しめているのです。

たとえば、「駐車場のいい場所に停められるのは運のいい人だけであり、自分は運がよくない」と思い込んでいると、最初からいい場所には近づかず、あえて不便な場所に車を停める。その結果、「運のいい」人たちに、いい場所を譲ってしまうことになる。本当に、思い込みにはここまでの力があるのです！

すでに見たように、視覚化をうまく活用する方法は、目標を達成するための具体的なステップを想像することです。それに加えて、「自分は運がいい」と信じるためにアファメーションを活用するという方法も有効です。

難しく考える必要はありません。たとえ本心では信じていなくても、信じているふりをするだけでも効果はあります。自分に向かって、次のような言葉をくり返しかけるといいでしょう。

「私は運がいい」
「この問題にぶつかったのは単なる一時的な足踏みだ」
「私はチャンスを見つける能力が高く、実際に見つけることができる」
「どんな物事にも必ずいい面がある」
「私にはよくいいことが起こる」

自分は運がいいと信じている人とは、いったいどんな人なのか。先ほど登場した経済学者のアラン・カーマンは、そんな人たちの共通点を発見しました。それは、全般的に楽観主義であること、過去の失敗を引きずらないという強い意志があること、そして自分の直感を信じることです。

『運のいい人の法則』の著者のリチャード・ワイズマンは、実際に「運の学校」までつくり、ここにあげたような運のいい人たちに共通する資質を身につけるための教育を行いました。そして驚いたことに、この学校に通った自称「運の悪い」人たちの80パーセントは、卒業後に前よりも幸せで運がよくなったと言っています。

そして最後に、自分は運がいいと思っている人には、ネガティブな出来事に独自の解釈を加えるという共通点もあります。たとえば、外を歩いているときにすぐ横を車が猛スピードで走り抜け、もう少しで轢(ひ)かれそうになったとします。そんなときは、「最悪だ！　もう少しで死んでしまうところだった！」と考えることもできるし、反対に「運がよかった！　死んでいてもおかしくないのに死ななかった！」と考えることもできます。この種の思考は、「反事実的思考」と呼ばれています。

反事実的思考とは、実際に起こったこととは正反対のことが起こったらどうなるだろうと考えること。実際には車に轢かれていないのに、轢かれていたかもしれないと考え、そして車に轢かれずに無事に生きていることに感謝する。自分は幸せで、運がいい、というわけです。

このように、**自分は運がいいと考える人は、出来事をポジティブに解釈しようとするという特徴があります。解釈によって出来事そのものが変わるわけではありませんが、その後の出来事には影響を与える可能性があります。**

たとえば、車に轢かれずにすんだ自分は運がいいと思っていれば、生きていることへの感謝の気持ちがさらに強まり、今の人生は「セカンドチャンス」だと考え、よりいっそう自分を大切にするようになる。その結果、実際に長生きできるかもしれません。特に、自分は運が悪い、いつ死んでもおかしくないと思っているような人と比べたら、長生きする確率は高くなるでしょう。

今の自分が経験しているような幸運にまったく恵まれなかったらどうなるか、想像してみてください。そんなもうひとつの人生と比べれば、今の人生により深く感謝し、人生全般に対して楽観的になれるでしょう。そしてそのためには、ただ出来事の解釈を変え、自分は運がいいと考えるだけでいいのです。

この章の冒頭で、引き寄せの法則の科学的な根拠について検証しました。その結果わかったのは、根拠は存在しないということです。

それでも、引き寄せの法則の力によって、自分はたいていの人よりも運がいいと信じているのであれば、その思い込みは目に見えない形であなたの行動に大きな影響を与えます。つまりある意味で、たとえ科学的な根拠はないとしても、「信じること」そのものには何らかのポジティブな結果を導き出す力があるということになります。

どうやら幸運の女神は、なかなかあなどれない相手のようですね！

第２章のまとめ

☆運について知りたいなら、検証する価値のある有名な考え方が2つあります。1つは「引き寄せの法則」で、もう1つは「自己成就的予言」です。引き寄せの法則（あるいは、都合のいい夢想）の効果について調べた研究によって、科学的な根拠は存在しないどころか、むしろ逆効果になるかもしれないということがわかりました。願望の実現を夢想しただけでいい気分になり、実際の努力を怠ってしまうからです。

☆自己成就的予言とは、何かが起こると信じると、その信じる気持ちが自分の行動や態度に影響を与え、実際にそれが起こるという現象のことです。この現象が教えてくれるのは、信念や思い込みにはとても大きな力があるということです。

☆自分は運がいいと信じていれば、実際に幸運に恵まれる確率が高くなります。ただしそれは、幸運が何もないところから魔法のように現れるからではありません。自分は運がいいと信じる気持ちが、ポジティブな結果につながるような行動を起こす力になるからです。

☆心理学者のリチャード・ワイズマンと、経済学者のアラン・カーマンは、それぞれの研究で同じ結論に到達しました。それは、「運がいいとは、自分は運がいいと信じることだ」ということです。

☆運がいい人もたしかに視覚化を行います。しかし、彼らが視覚化しているのは結果ではなく、その結果に到達するまでの具体的なステップのほうです。運がいい人は、概して前向きで、楽観的で、過去の失敗を引きずらず、自分の直感を信じている。そして、実際に起こっていないことを想定し、「そうならなくてよかった」と考えることで、出来事をポジティブに解釈する傾向があります。その結果、自分は運がいいと思っている人は、本当に運がいいということになるのです！

第3章

「運のいい人」は何を考えているのか

「運のよさ」とは、持って生まれたもののように思えるかもしれません。しかしありがたいことに、運のよさは持って生まれた性質や能力でもなければ、才能でさえありません。この本に一貫したテーマがあるとするなら、それは「**運のよさは、運を引き寄せる状況を創造することで達成できる**」ということです。それなら、完全に自分の力でコントロールすることができます。

古代ローマの哲学者で政治家のセネカは、「運とはチャンスと準備が出合う場所だ」という言葉を残しています。この言葉こそ、まさに「運がいいとはどういうことか」という問いへの完璧な答えといえるでしょう。

セネカの人生そのものが、運のなんたるかを雄弁に物語っています。セネカは低い身分の生まれですが、努力を重ね、ローマのエリートの一員になりました。クラウディウスやネロといったローマ皇帝たちと友人になるという「運」にも恵まれています。最終的に、セネカは同時代でもっとも裕福な人々の仲間入りを果たしました。

セネカは、他のほとんどの人たちよりも運がよかったのでしょうか？　たしかに、運が悪くないのは間違いありません。しかし彼は、それにもまして世界のしくみというものをよく理解していました。彼が残した哲学の著作を読めばそれは明らかです。現代の研究者や心理学者が「運がいい」と考える人の特徴を、セネカもいくつか備えていました。

何の努力や準備をしなくても、いきなり大金が舞い込んできたり、運が開けたりして、人生が一気に好転するという経験をした人もいるでしょう。しかし、この種の「まぐれ」はめったに起こるものではありません。それに、自分の力で起こすこともできないので、考えても無駄でしょう。

とはいえ、すでに見たように、運ははっきり白黒分けられるようなものではありません。100パーセントのまぐれと、100パーセントの努力の間には、はっきりどちらとはいえないようなグレーゾーンが広がっています。

そしてそのグレーゾーンでは、私たちの態度、準備、行動、考え方がカギとなり、偶然のチャンスを生かせるかどうかが決まる。つまり、私たちには、自分で思っている以上に運をコントロールする力があるということです。

すでに見たように、運のいい人は概して楽観的で、自分は運がいいと信じています。それ以外のどんな特徴があるのか、いくつか見ていきましょう。

「運のいい人」の特徴

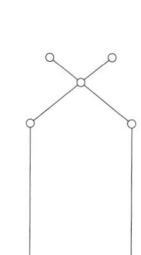

自分は運がいいと思っている人にはいくつかの共通点があります。

前にも登場した心理学者のリチャード・ワイズマンは、運について幅広く研究し、その結果、自分は運がいいと思っている人は幸運に気づきやすいということを発見しました。この特徴は、「幸運マインドセット」と呼んでもいいかもしれません。

あるいは彼らは、ただ単に、多くの人から「運がいい」と思われるような状況に自分から入っていくのかもしれない。ということは、つまり「運」とは、出来事の解釈や受け止め方、そして意図的にポジティブな行動を起こすことが複雑に組み合わさったもの、ということになります。

ワイズマンは、運に関するいくつかの研究の中で、運のいい人が必ず持っている性質を3つ発見しました。

その3つの性質とは、**外向的であること、オープンであること、そして神経症的な傾向が低いこと**です。

ワイズマンによると、この3つの性質を持っている人は、生まれつき幸運に恵まれているわけではなく（これだけでも科学的な大発見です！）、むしろ3つの性質によってチャンスをつかみやすくなり、それが「幸運」につながっているとのこと。

世の中に存在するチャンスは、理論上、どんな人でも手に入れることができます。ただ、3つの性質を備えている人は、他の人に比べ、正しいときに正しい場所にいる確率が高く、チャンスを最大限に生かして結果につなげることができるのです。

外向的であること

運のよさと高い相関を示す性質のうち、ワイズマンが最初に発見したのは「外向性」です。

心理学には、性格の特徴を大きく5つに分ける「ビッグファイブ」という考え方があります。そのビッグファイブによると、外向的な人には、自己主張をはっきりする、活動的、おしゃべりという特徴があります。外向的な人は、社交の場面が好きで、新しい人や新しい状況に興味があります。

外向的な人が運がいいのは、外側の世界と熱心に関わろうとするからです。その理由は、容易に想像できるでしょう。外向的な人は、誰とでも気軽に会話ができる。そのため、興味深い人と出会うチャンスにも恵まれるのです。本人は偶然の出会いだと思っているかもしれませんが、状況をきちんと分析してみれば、いろいろな人と話すので、正しい人と話すチャンスにも恵まれるということなのです。社交が苦手な人がこのチャンスに恵まれることは絶対にないでしょう。

外向的な人は、他人と一緒にいることでエネルギーがわいてきます。おそらくどんなパーティでも中心的な存在になっているでしょう。元気でよくしゃべるので、周りから容易に気づいてもらえる。だからこそ、彼らの周りでは幸運な出来事がよく起こるのです。

運を定量的にとらえ、露出と経験を重ねることで増加すると考えるなら、外向的な人は必然的に運がいいということになります。彼らは積極的に露出を増やし、さまざまな状況に自分の身を置こうとするからです。露出を増やせば、もちろんイヤな目にあうこともありますが、チャンスに恵まれる回数も増えるのです。

挑戦するほど、新しい発見と経験も増えていく。つまり単純に、1日に10人と会う人と、誰にも会わない人を比べれば、前者のほうが運に恵まれるチャンスがたくさんあるということです。

はっきり言いましょう。幸運はたいていの場合、他の人からもたらされます。彼らが私たちのために何かしてくれることもあれば、彼らと私たちで一緒に何かすることもある。社会的なつながりは、思いがけない幸運や、人生の転機を生み出すことができます。ときには危険から守ってくれることもあるのです！　そう考えれば、社交的な人のほうが、幸運が流れ込んでくるチャンネルをたくさん持っているのも納得でしょう。

孤独を好む人や、人付き合いが苦手な人なら、いつもより他人と関わろうとしたときのほうが幸運に恵まれるというパターンに気づいているかもしれません。自分が困っていることや、必要なものについて、誰かに話してみましょう。きっと意外なところから助けの手が差し伸べられるはずです。自分が情熱を持っていることを熱く語れば、力になってくれそうな人と引き合わせてもらえます。

そしていちばん大切なのは、相手の話に興味を持ち、聞き上手になることです。ときには、ただ貴重な情報を持っているだけで運に恵まれることもある――そして人の話を聞かない人は、その情報を手に入れることができないのです。

オープンであること

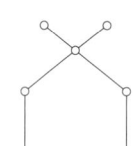

考え方がとても柔軟な人は、全般的にリラックスしていて、新しい状況を積極的に経験しようという気持ちがあります。新しい可能性や解決策を拒否するのではなく、むしろ受け入れようとする。リスク回避の傾向が低く、恐怖や不安を基準に物事を決めることがありません。

オープンな精神の人は、チャンスがドアをノックすると、ドアを開けて新しい挑戦がどんなものか調べようとします。つまり、ドアを開けるだけでなく、目の前の道を歩いてみる。そして実際にしばらく進んでから、元来た道を戻りたいかどうか考えるのです。

視野の狭い人、思考が凝り固まっている人であれば、こういったことは一切しないでしょう。話は単純で、自分に与えられるチャンスが増えるほど、運に恵まれる確率も上がるのです。

オープンな精神を持っている人を見分けるのは比較的簡単です。それは、新しい提案や誘いに対して「ノー」と言わない人。他人から提案される場合でも、自分の提案でも同じです。たとえば、あなたがスカイダイビングをしたいと思っているとしましょう。ただし、ひとりではなく、友達と一緒にしたいと思っている。そんなときに誘うのは、新しい挑戦に対してオープンな友達になるでしょう。

オープンな人は、もっとも幸運な状況に遭遇する確率が高くなります。チャンスを逃さないので、最高の仕事を手に入れられる。そしてどういうわけか、おもしろい偶然やチャンスによく遭遇し、話の種が尽きることもない。コンサートのバックステージに入れたり、野球場で選手のサインをもらえたりする。それに何かのコンテストに出ると、なぜか優勝してしまうのです。

なぜ彼らはこんなにいい思いばかりできるのでしょうか？ それは、チャンスを見逃さず、そして見つけたらつかみにいくからです。あらゆることをポジティブなチャンスだと思っているわけではないかもしれませんが、少なくともどんなチャンスでも、最初から除外したりはしません。

自分はそういうタイプではないという人は、ただもう少しリラックスして、偶然を受け入れる心の余裕を持つだけで、今よりも運がよくなったと感じるかもしれません。これからは、新しいチャンスを前にしたときの態度を、「なぜ挑戦しなければならないの？」から、「なぜ挑戦しないの？」に変えてみましょう。招待されたら受け入れる。計画にないことに挑戦する。思った通りの結果にならなくても、そこにいい面を見つけようとするのです。

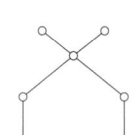

神経症的な傾向が低いこと

運がいい人の性質で最後に登場するのが、この「神経症的な傾向が低い」です。神経症的な傾向とは、文字通り神経症のような症状が出やすいことです。代表的な症状は、不安、緊張、嫉妬などでしょう。こういう人は、いつもピリピリしていて、警戒心が強い。ワイズマンによると、こういった神経症的な傾向の低い人ほど、幸運に恵まれる確率が高くなります。

なぜそうなるのでしょう？

神経症的な傾向の低い人は、そうでない人に比べ、精神が安定していて、リラックスしています。精神が安定し、集中している人は、不安に襲われることなく、周りの状況をよく理解できるようになる。ビクビクしながら自分にとって脅威になるものを探すのではなく、ニュートラルな出来事であれば好意的に解釈することが多い。

精神がリラックスしている人は、チャンスだけでなく、幸せに対してもオープンです。反対にいつも不安でピリピリしている人は、何か言われるたびに「バカにされているのではないか」と気に病み、警戒ばかりしている。

これは要するに「期待」の問題です。神経症的な人は悪いことが起こるのを期待し、リラックスしている人は人生に対して楽観的で、何事も好奇心を持って受け入れます。

神経症的な傾向が低い人はまた、身の周りで起こることをよく見ています。その結果、チャンスに恵まれる確率も高くなる。たとえば、道を歩くときのことを考えてみましょう。多くの人は、歩きながら音楽を聴いたり、スマホを凝視したりしていますが、神経症的な傾向が低い人はのんびりとあたりを見わたしています。

彼らはガードを下げることを恐れません。だからこそ、神経症的な傾向の低い人は運がいいのです――彼らは周りの世界に目を向け、世界から自分を切り離さないことをあえて選んでいる。頭が不安や心配でいっぱいになっていないので、目の前のことに集中できるのです。

ワイズマンの研究で明らかになったことの1つは、オープンな精神を持つことと、周りの状況に気づくことが、運と大きく関係するということです。

前に出てきた新聞の実験を覚えているでしょうか？　ワイズマンは実験の参加者に、新聞に掲載されている写真の数をかぞえるように言いました。新聞の2ページ目を開くと、そこには「ここでかぞえるのはやめましょう。写真の数は全部で43枚です」という見出しが躍っています。さらにそのページの下を見ると、今度はこんな見出しがあります。「かぞえるのをやめましょう。実験の担当者にこの見出しを見たと伝えれば250ドルもらえます」

実験の参加者で、この2つの見出しに気づいた人はいませんでした。全員が律儀に43枚の写真をかぞえたのです。ワイズマンはこれを受けて、参加者は目標に集中しすぎていたと考えました。つまり、神経症的な傾向があるということです。

ピリピリして視野が狭くなっている人は、目の前のチャンスに気づかない。ここから考えられるのは、「物事はこうあるべきだ」という思い込みや、コントロールしたいという欲求、与えられたタスクに固執する態度によって、たとえもっといいことが起こっても、それが見えなくなってしまうということです。

多くの場合、運がいいとは、ただ単に「いつもの考え方」から抜け出すことを意味します。何事に対してもオープンになれば、運のほうからあなたを見つけてくれるでしょう！

ここまで運がいい人の3つの性質を見てきましたが、**彼らが運に恵まれる本当の理由は、周りの世界と積極的に関わっていること**です。セネカも言っていたように、運には努力が必要なのです。

しかしワイズマンは、努力に加えて、精神のリラックスも助けになるということを発見しました。チャンスを見つけることに執着しているような人は、むしろチャンスを見逃してしまうことのほうが多くなる。なぜなら、それ以外のことにまったく目が向かなくなってしまうからです。

つまり、運がいいとは、リラックスしていることと、身の周りに注意を向けていることのバランスであるともいえるでしょう。オープンであること、リラックスしていること、外向的であることの組み合わせがカギなのです。

ここで、運とはだいたいにおいて偶発的であり、完全に自分で生み出せるわけではないということを思い出してください。自分の身に起こることを完璧に予言するのは不可能ですが、出来事にどう対応するかということなら自分でコントロールできます。

リラックスした精神、チャンスに対してオープンであること、人生に積極的に関わることといった要素が組み合わさった結果、偶然の出来事が「幸運な出来事」になる。幸運を自分からつくることはできませんが、幸運を招き入れることならできるということです。

この3つの性質に加えて、楽観主義も幸運を招き入れる力になります。楽観的な人は、人生のいい面を見ます。何が起こってもいい面を探し、そして自分にはいいことが起こると期待している。

運のいい人が楽観的になるのは、自分は成功するという前提で行動しているからです。たとえば、今から長時間のドライブをする人と、10分間しか運転しない人では、準備の内容もまったく違うでしょう。つまり、物事をどう見るかということが、行動を大きく変えるということです。

日々の生活に楽観主義を取り入れることに加え、謙虚な態度も幸運を呼ぶ助けになります。あなたが予期していない状況で恥をかくことを恐れないなら、新しいことに積極的に挑戦するオープンな性格ということです。自分も失敗するかもしれないという事実を落ち着いて受け入れることができれば、むしろ思わぬ成功に驚くことになるでしょう。

反対に、恥をかくことや、批判されること、拒絶されることを嫌う人は、チャンスがあっても挑戦せず、その結果、運も手に入れられないことになる。なぜなら彼らにとっては、恥をかくというコストが、新しいチャンスという利益を大きく上回っているからです。ここで、今より少しでも自分の弱さを認めることができれば、恥を恐れずに挑戦し、幸運に恵まれることもずっと多くなるでしょう。

プロ野球選手を例に考えてみましょう。たとえプロであっても、打率はよくて3割ほどです。つまり打席に立つたびに、だいたい72パーセントの確率でヒットが出ない。彼らは、スタジアムの大観衆と、テレビで中継を見ているそれよりも多い人たちの前で失敗するのです。

しかし選手は、最初からそういうものだと思っているので、失敗する可能性を恐れていません。失敗を恐れて打席に立たなければ、チームを勝利に導くホームランを打ってヒーローになることもないのです。そして打席に立ったバッターは、リラックスして、楽観的で、謙虚で、そして失敗を受け入れる心の準備が完璧にできている。そしてそういった態度が、オープンな精神にもつながるのです。

楽観主義とは、どんな結果であっても、それに「失敗」のレッテルを貼るのを拒否することです。その代わり、あらゆる変化を、何か新しいものを生み出すポジティブなチャンスとして歓迎する。ときに私たちは、思い通りに行かなかったことに執着するあまり、目の前にある大きなチャンスに気づかないこともあるのです！

そして最後に、運は自発的な行動で変えることができます。運がいい人は、ただ露出を増やしているだけではありません。もっと人生に積極的に関わることが大切です。チャンスは自分から探しに行かなければなりません。なぜなら、待っていても降ってくることはないからです（たしかに降ってくることもあるかもしれませんが、それをただ待っているだけでは、降るのが早くなることはありません！）。

すでに見たように、セネカは「運とはチャンスと準備が出合う場所だ」と言いました。また、イタリア・ルネサンス時代の思想家マキャベリも、『君主論』の中で、「運にはたしかに力があるが、運を生かせるかどうかは本人の力量である」というようなことを述べています。

それに加え、ラテン語には「カルペ・ディエム」という警句があります。これは「その日を摘め」という意味で、「人生を最大限に生きるには、目の前の瞬間を大切にしなければならない」ということです。

この警句も、運に恵まれた人生を送るための大きなヒントになるでしょう。運のいい人は、失敗して恥をかいたらどうしようと心配し、挑戦をやめてしまうのではなく、むしろ全力で新しいことに挑戦します。他の人が躊躇(ちゅうちょ)したり、準備不足だったり、恐怖で足がすくんだり、まだ過去のことにこだわっていたりする間に、彼らは行動を起こすのです。

人生に積極的に参加すると、勝つこともあれば、負けることもあります。でも、飛行機が墜落する確率がわずかでもあるからといって、休暇の旅行をとりやめる人がいるでしょうか？

飛行機に乗らなければ、世界を見ることはできません。宝くじを買わなければ、１００万ドルを当てることもない。恐怖のせいで動けずにいると、起こったかもしれないすばらしいことのすべてを失うことになるのです。これは典型的な「たられば論」でしかありません。

「あの仕事を受けていればよかった」「あのデートの誘いに応じていればよかった」「もう一度チャンスをもらえれば、今度は違うふうにやるのに」と言っている人のもとに、幸運が訪れることはありません。運はランダムに発生します。そしてその運を見つけ、つかめるかどうかは、すべてあなた次第です。

宇宙は謎めいた言葉で私たちに語りかける。そして、飛行機が墜落する心配ばかりしている人は、その言葉を聞くことはないのです。

リチャード・ワイズマンは、運についての研究の一環として、さまざまな人を対象にマインドセットに関する実験を行いました。実験の参加者に、多くの人が「運がいい」と考えるようなチャンスを提示します。さまざまな状況で、その「運」を文字通り彼らの目の前に置くのです。

目の前の運にまったく気づかない人もいれば、すぐに気づく人もいました。気づくかどうかに、「運」は一切関係ありません。チャンスを受け入れる準備があるかどうかがすべてなのです。

幸運を呼ぶ思考パターン

外向的であること、オープンであること、リラックスしていること、ポジティブであること——これらが「運のいい人」の特徴です。しかし運のいい人は、ただある種の性質を備えているだけではありません。それに加えて、彼らには共通した思考パターンや世界観もあります。

とはいえ、すでに見たように、これは「引き寄せの法則」とは違い、ただ願望を夢想していればいいというわけではありません。**ここで大切なのは、態度や考え方です。**それらがある種の行動につながり、そしてその行動が、偶発的に発生するチャンスと最適な関係を築く基盤になるのです。

最初に見ていく思考パターンは、直感的に運のよさとは正反対だと思うかもしれません。それは「カルマ」です。

運とカルマ

「カルマ」とは、仏教やヒンドゥー教に出てくる考え方です。人間の「運命」は、だいたいにおいて、それまでに積み重ねてきた行動や行いで決まるというような意味になります。中でも特に重要なのは、前世での行いです。カルマはいってみれば原因と結果の法則であり、「カルマ」という言葉自体が「行動」や「行い」を意味します。

西洋の文化では、カルマという言葉を倫理的な観点から解釈しようとする傾向があり、自分の行いによる結果は「報酬」か「罰」かのどちらかだと考えます。しかし、カルマの本来の解釈では、結果はいいことでも悪いことでもありません。むしろ、結果はあくまでもニュートラルであり、そこに善悪の判断が入る余地はありません。

これは、重力の法則と同じようなものだと考えるとわかりやすいでしょう。ある行動を起こしたら、必然的にある出来事が誘発される。現在の私たちは、すべて過去の決断や行動からできているのです。

あなたはここで、疑問に思っているかもしれません——この考え方は、運やチャンスは偶然だとする考え方と、完全に矛盾するのでは？

たしかにその通りです。ですが、この本で検証しているのは、ある種の世界観や思考パターンにはどんな機能があるかということであり、それらの真実性や正確さではありません。

すでに見たように、ただ「自分は運がいい」と考えるだけでも、実際に幸運に恵まれるという傾向があります（その際、宇宙の構造を物理的に変える必要はありません）。それなら、カルマを信じるだけでも、より幸運な人生を手に入れるきっかけになるかもしれません。

でも、どうやって？　ここで、前に出てきた「統制の所在」の話を思い出してください。コントロール権は自分の外にあると信じている人、そしてそういった人の中でも特に運は不安定だと信じている人は、人生に対して受け身で、自分から積極的に働きかけようとしないという傾向があります。

彼らが行動を起こさないのは、ただ単純に、行動しても意味がないから。努力は報われず、報われるかどうかはすべて偶然の運で決まる、というわけです。しかし実際は、このような態度によって行動が抑制され、その結果、自分で世界を変えることもできなくなるのです。

一方で、カルマを信じている人は、自分の行動をとても真剣にとらえています。宇宙は厳格な原因と結果の法則で動いていると信じているなら、望まない結果を避けるために、原因となる自分の行動にもっと気を配るようになるでしょう。言い換えると、人生に「いいもの」を呼び込むために、できるだけ最善の行動を選ぼうとする、ということです。

それでは、「正しい行いが幸運を呼び込む」と信じている人は、実際どんな行動を選ぶのでしょうか？　彼らはおそらく、「いいこと」をしようとするでしょう。恵まれない人を助ける、他人に親切にする、他人の過ちを許す、といったことです。

困難にぶつかっても勇敢に耐え抜き、どんな状況でもベストを尽くそうとする。過去のネガティブなパターンに打ち勝ち、失敗から学び、自分の限界を克服する。まさに成功者の思考パターン、行動パターンです！

2004年の終わり、インド洋で壊滅的な大津波が発生し、20万人を超える人が亡くなりました。その際、ある導師が、亡くなった人たちは自分のカルマのせいで亡くなったのかという質問を受けました。すると導師は、こう答えました。「彼らは間違ったときに間違った場所にいた。しかし、あの津波にどう対処したかは、彼らのカルマで決まる」

つまり言い換えると、すでに彼らの中にあったマインドセットや態度が、大津波という偶然起こったカオスにどう対応するかを決めた、ということです。

運とカルマは正反対の概念に思えるかもしれませんが、仏教でも偶然の出来事の力は十分に認められています。ただ、人間にはつねにコントロール権があり、自分の状態や、過去からの刷り込み、自分の行動から生まれた推進力も巨大な役割を演じると考えられているのです。

自分の行動はすべて、悟りに近づくか、それとも悟りから遠ざかるかのいずれかの結果につながると信じていれば、コントロール権は自分の中にあるという信念を持ち、極端に前向きな態度になるでしょう。

このような態度を選ぶ人、つまり親切で、思いやりがあり、寛容な人は、協力者に恵まれ、周りから尊敬され、助けてもらえるのです。彼らはそれに加えて、自分の行動に責任を持ち、無気力になったり、希望を失ったりすることもありません。

たとえばあなたが、自分に迷惑をかけた同僚を許したとしましょう。迷惑をかけられるのも、何かの因果応報だと考えたからです。そして2年後、その同僚が別の仕事で出世して、あなたのキャリアを助けられる立場になったとしたら――おそらく同僚は、あなたの親切を覚えていて、恩返しをしたいと思うでしょう。

さて、ここであなたが幸運に恵まれたのは、純粋にカルマの法則の結果なのでしょうか？それとも、カルマの法則を信じているために、同僚を許したおかげなのでしょうか？

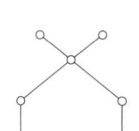

あきらめない心が運を呼び込む

何かをあきらめずに続けていれば、チャンスに出合う回数が多くなり、そのうちの１つのチャンスが成功につながる確率も上がります。オーディションを10回受けて、10回とも落ちたとしましょう。それで完全にあきらめる人もいれば、11回目で合格する人もいる。後者は前者より運がいいわけではありません。ただ挑戦を長く続けただけです。

昔から言われているように、達人は初心者が挑戦した回数よりもたくさん失敗している、ということです。オーディションに10回落ちてあきらめる人と、11回目で合格する人の違いは、ただ挑戦を続けたかどうかということだけなのです。

原稿が出版社の目にとまり、本を出せることになった人を、うらやましいと思うかもしれません。しかし、もしかしたらその人は、出版にこぎ着けるまでに何年もかかったのかもしれない。何回も断られて、やっと出版社が見つかったのかもしれない。ほとんどの人があきらめるような状況でも、その人は挑戦を続けた。運のいい人と悪い人を分ける線は、実はそういうことなのです。

失敗しても、壁にぶつかってもあきらめず、挑戦を続ける人になりたいなら、必要なのは「レジリエンス」、つまり「あきらめない心」です。レジリエンスは性格の一種だと思うかもしれませんが、むしろ考え方や信念に近いものです。「私はこれを乗り越えられる。この先にもっといいことが待っている」と信じることです。カルマを信じるのと同じように、自分の行動はいずれ必ず報われると信じることが、挑戦をあきらめない態度を支えるカギになるのです。

つまり、大切なのは行動です。偶発的な出来事をコントロールすることはできません。しかし、コントロールの範囲内にあることなら、現実の世界で努力を集中させればコントロールできる。つまり、有効な行動をできるかぎり長く続けられる人は、ほとんど行動せず、すぐにあきらめてしまう人に比べ、運に恵まれる確率が上がるということです。

成功している人の多くは、「ただ運がよかっただけ」などと言われると、多少はムッとするでしょう。なぜなら、そんなふうに言う人は、成功者がどれだけ眠れない夜をすごしたか、どれだけ努力し、どれだけ失敗してもあきらめなかったかということを、まったく知らないからです。

レジリエンス、逆境に耐えられる精神は、生まれつきではありません。他の人が持っていない秘密の能力でもありません。レジリエンスのある人は、失敗と挑戦を正しく解釈できるというだけのことです。

失敗や挫折に負けない人は、自分の能力に対する自信からエネルギーを手に入れています。小児科医で、子どもの発達に詳しいケネス・R・ギンズバーグは、トラウマ体験とレジリエンスについて研究し、次の7つの構成要素があることを発見しました。

コンピテンス（能力）　「私はこれのやり方を知っている」
コンフィデンス（自信）　「私はこれができる」
コネクション（人脈）　「私はこれをひとりでしているのではない」
キャラクター（人格）　「私はいい人で自己肯定感も高い」
コントリビューション（貢献）　「私はこの世界で役割がある」
コーピング（対処）　「私はストレスを感じても生き残ることができる」
コントロール（支配）　「私は自分の行動と意思決定に責任を持つ」

7つの要素それぞれの宣言を、声に出して順番に読んでみましょう。実際、自分が少し大きくなり、何が起こっても大丈夫だという気分になったはずです！

運は学習できるのか

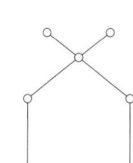

せっかく行動を起こすことと、責任を持つことの話をしているので、ここで最後に、運と学習の関係についても考えていきましょう。すでに見たように、コントロール権は自分の外にあると信じることと、責任を自分以外の何かにゆだねる態度は、確実にチャンスを逃すことにつながります。何度も言っているように、運がいい人になりたいなら、カギになるのは自分の行動と意思決定です。

しかしもちろん、行動なら何でもいいというわけではありませんし、役に立たない行動ならなおさら意味がありません。大切なのは、有益なチャンスに出合う確率を上げるための行動です。

運のいい人たちは、ただ闇雲に行動し、後は目を閉じて最善の結果を願ったりはしません。彼らは行動し、次に自分の行動がもたらした効果を検証する。そしてその結果に合わせて次の行動を調整するのです。

周りの状況をつねに意識し、自分の選択が状況にどんな変化をもたらしているかを観察する。自分の行動のうち、何が実際に幸運につながり、何が無意味だったのか。たとえば、指をクロスさせて幸運を祈るのはただのジェスチャーであり、ただ受け身的に奇跡を待つだけでは何も起きません。

そして、効果のあった行動が見つかったら、同じ行動ができるような状況をできるかぎりつくる。言い換えると、頭を使って運気を高めるということです。

運のいい人は、自分の行動の結果に注目し、役に立った行動とそうでない行動を区別します。それに加えて、彼らは自分の能力に自信を持ち、自分の行動には意味があると信じているので、必要であれば積極的に自分の行動に修正を加えます。

たとえば、行きつけのカフェで、コーヒーを無料でもらえることがあるとしましょう。よく観察してみると、サービスしてもらえるのは、ある特定のバリスタがいる朝の時間でした。これに気づけば、そのバリスタがいるときにカフェに行って無料でコーヒーを飲むことができます。運を呼ぶ行動とは、これくらいシンプルなことでもかまわないのです。

あるいは、今までうまくいった恋人は、みんなマッチングアプリではなく友達の紹介だったという気づきもあるでしょう。その気づきをもとに恋人探しの戦略を立てれば、出会いの「運」を上げ、すぐにすてきな人と出会えるのです。

つまりこれは、自分の経験から学ぶということです。うまくいったこと、うまくいかなかったことがわかれば、幸運に恵まれる確率を上げることができます。

まだ広告に出ていない優良物件の情報が手に入り、誰よりも早く買うことができたとしましょう。あなたはきっとこう考えるはずです。「ちょっと待って。これはつまり、事情に詳しい人といい関係を築いていれば、特に努力しなくてもいい情報が入ってくるということでは？」と。

つねにこの学びを実生活に生かし、内部の事情に詳しい人と親しくなるようにしていたら、肝心なときにいい情報を教えてもらえる「運のいい人」になれるはずです。

この場合の思考パターンは、「XYZがうまくいった！　また同じことを起こすにはどうすればいいだろう？」となります。

このように考えるには、楽観主義と感謝の心（自分の運のよさを自覚する）、気づき（何が、どのように起こったか理解できる）、積極的に自分を信じること（正しい行動を起こせばまた同じような結果になるという信念）が必要です。

反対に、ここで必要ないものは、「こんなのはまぐれ当たりだ」という思考パターンです。「XYZがうまくいった！　でも単なるまぐれだろうな。今回は運がよかったけれど、次はどんなひどい結果になることやら……」

すでに見たように、リチャード・ワイズマンは運のいい人に共通する3つの性質をあげていました。しかし、もっと正確に言うなら、これは「運が大きく成長するような状況を創造できる人に共通する3つの性質」ということになるでしょう。

それに加えて、カルマを信じること、レジリエンスがあること、あるいは経験から学習し、自分の行動を調整できることも、運を引き寄せるマインドセットの獲得につながります。あなた自身も、小さな行動を積み重ねることで、これらの資質を体現することができる――あるいは反対に、ネガティブを増幅するマインドセットを意図的に獲得し、チャンスが現れてもまったく気づかない人になることもできるのです！

セネカは、幸運を手に入れるカギはチャンスを見逃さないことだと言いました。これは大切な発見です。恐怖に負けず、目の前のチャンスを果敢につかんだときに、幸運は訪れる。自分を信じ、行動を起こし、経験から学び、うまくいく方法をマスターする。リラックスした精神を保ち、周りの状況に目を配る。そして、チャンスが現れたらすぐにつかみにいくのです。

第3章のまとめ

☆古代ローマの哲学者で政治家のセネカは、「運とはチャンスと準備が出合う場所だ」という有名な言葉を残しました。チャンスに備えるためにできることはたくさんあります。そして準備ができていれば、チャンスが現れたらすぐにつかみ、チャンスを生かすことができます。それがつまり、「運がいい」ということです。

☆運のいい人には3つの共通した性質があります。1つは外向的であること。外向的な人は、社交に積極的で、自分の考えを発言し、人脈をつくり、周りから好かれます。その結果、何かあったら助けてもらえたり、偶然の出会いに恵まれたり、有益な新しい情報を入手できたりする。これが「運のよさ」につながるのです。

☆2つめの性質はオープンな精神です。オープンな人は、柔軟に思考し、自分と違う意見も受け入れることができる。新しいものを恐れず、偏見や思い込みが少なく、好奇心が旺盛です。新しい経験に対してオープンな人は、新しいチャンスを積極的につかみ、さまざまな経験を積むチャンスに恵まれます。それがさらに幸運につながるのです。

☆3つめの性質は神経症的な傾向が低いこと。リラックスし、何かに怯えていないときは、解決策が見つかりやすくなります。箱の外に出て考えると、予想外のポジティブな結果に恵まれる。それに加えて、せっかくめぐってきたチャンスを棒に振ることもありません!

☆運のいい人には3つの共通した思考パターンがあります。1つはカルマを信じること。カルマを信じる人は、自分の行動に責任を持ちます。そのため、コントロール権は自分の中にあると考えている人が多く、他者への接し方もていねいです。その結果、自然と幸運やチャンスに恵まれる確率が高くなります。

☆2つめの思考パターンは、自分の能力と、逆境に打ち勝つ力を信じること。そういう人はレジリエンスがあり、その結果、有益な行動を長期間にわたって続ける忍耐力と継続力が身につきます。そして有益な行動を続ければ、ポジティブな結果につながる確率も高くなります。

☆そして3つめの思考パターンは、自分の経験から学ぶこと。運のいい人は、うまくいった方法を見つけ、その方法を意図的にくり返していきます。そうやって過去に運に恵まれた状況を再現するのです。

第4章

「運のいい人」は何をしているのか

ここまでは、運のいい人が信じていることや、運のいい人に共通する性質、思考パターンについて見てきました。あなたもそれらを身につければ、宇宙がどんな幸運を届けてくれても、それを最大限に生かすことができるようになります。

「運＝準備＋チャンス」という公式が成り立つなら、運を構成する2つの要素も分析しなければならないでしょう。

チャンス　偶然のチャンスをコントロールすることはできません。しかし、自分自身をコントロールすることならできます。ポジティブでオープンな態度、リラックスした精神、積極的な行動力を身につければ、今あるチャンスを最大限に生かし、さらにこれから出合うかもしれないチャンスを逃さないようになります。

準備　私たちは行動することができる。つまり、とにかく何かをするのです。それはチャンスへの反応かもしれないし、あるいはチャンスに備える行動かもしれません。

正しいマインドセットがあれば、自然と正しい行動につながります。だからこそこの本でも、運のいい人たちに共通する性質や態度を詳しく見てきたのです。それらは、運の悪い人たちの性質や態度とどう違うのか？

とはいえ、ここまで読んだ人ならもうわかっているかもしれませんが、やはり行動は大切です。ただ大切なのではなく、とても大切です。

そのためここからは、運のいい人に共通する行動について見ていきましょう。彼らの行動は、本質的にどういうものなのか。彼らは具体的にどんなことをしているのか。そしてそれらの毎日の行動が、どのように運のよさにつながっているのか。

タスク一　努力する

これは意外に思う人も少なくないかもしれません。なぜなら一般的に、運と努力は正反対の概念とされているからです（運のいい人は、何もしなくても幸運に恵まれる）。しかし、現実はそこまで都合よくできていません。実際のところ、運のいい人は努力もしているのです。しかも並大抵の努力ではありません。

たしかに、まったく違うことをしているときに信じられないようなチャンスに恵まれた、というような話はよく聞きます。とはいえ、その「まったく違うこと」は、たいていの場合、他の目標に向かって努力していることなのです。それがチャンスと関係あることもあれば、ないこともある。

運のいい人は、先ほど見た公式では「準備」の値が大きくなります。運を引き寄せるため、そして運を手放さないようにするために、できることは何でもする。一度幸運に恵まれると、その幸運を徹底的に活用する。

彼らの行動がすべて結果につながるわけではありませんが、そもそもそうである必要はありませんし、彼ら自身もそれを期待していません。

このことを、野生動物の写真家で想像してみましょう。この写真家は、一羽の鳥が空中で昆虫を捕らえる決定的な瞬間を撮影して賞をもらった。まさに完璧なタイミングをとらえた一枚ですが、その裏では、何十枚（あるいは何百枚！）もの失敗作が生まれているのです。それに、成功した一枚でさえ、さらに修正を加えて完璧に仕上げられている。

さらにこの写真家は、もう何年も前から、いくつものコンテストに応募して落選していたかもしれません。つまり、ただ写真を撮るだけでなく、コンテストについて調べたり、業界のプロたちにアドバイスを求めたり、写真講座に通ったりもしていたということです。さらに週末を使って、画像加工ソフトの使い方を勉強していたかもしれません。

さらに想像してみましょう。ついに賞を受賞したこの写真家は、授賞式である人と知り合い、すぐに意気投合しました。その人は写真家の過去の作品も気に入り、写真に対する情熱にも感銘を受ける。そこで、その人は言いました。「今、新しい映画のプロジェクトを進めているんだけど、あなたみたいな人にぜひ参加してもらいたい。どうだろう？」

こうやって、また新しいチャンスが舞い込んできました。賞を受賞したからこそ手に入れたチャンスですが、まったく予期していなかったチャンスでもあります。こうやって、努力を怠らなかった写真家は、映画の世界にも進出することができたのです。

たしかにこれは「幸運」でした。しかしその裏には、何年もかけて積み重ねてきた努力があります。授賞式で映画作家と出会えたのは、まったくの偶然でした。しかし、その偶然のチャンスをつかめた背景には、2つの要素があります。

1つは、それまで積み重ねてきた結果（受賞する、など）。そしてもう1つは、映画作家との会話で、写真へのあふれるほどの情熱が相手に伝わったことです（「会話」についてはまた後で詳しく見ていきましょう）。

あなたが目指しているものが何であれ、とにかく時間を惜しまず努力しましょう。今のあなたは、土台を固め、チャンスの到来を待っている段階だとします。準備は万全で、あとはただ待つだけでいい。堂々と胸を張って「私の仕事だ」と誇れるような実績もある。

これまで磨いてきたスキルで、人の役に立つこともできるし、人生の他の分野に応用することもできる――プログラミングができるようになったかもしれないし、人前で話すのが得意になったかもしれない。あるいは、ビジネス全般で役立つスキルも身についたかもしれない。

あなたが先ほど登場した写真家のようにクリエイティブな分野の人なら、自分の作品をまとめたポートフォリオをつくり、チャンスを連れてきてくれる偶然の出会いに備えておきましょう。

新しいビジネスを始めようとしているなら、「エレベーターピッチ」（エレベーターに乗っている間にできるような短いプレゼン）に磨きをかけておくといいでしょう。あるいは新しい名刺をつくってもいいかもしれません。一度も使わずに無駄になってしまうかもしれませんが、使うチャンスが訪れたときに名刺がないという事態のコストに比べれば、たいした無駄ではないでしょう。

お金を貯め、勉強し、腕を磨く。目指している分野の最新動向をつねに追いかける。とにかく「見える」存在になることが大切です。すぐに効果は感じられないかもしれませんが、これは努力の投資であり、いつか必ず大きなリターンをもたらしてくれます。

とはいえ、ここで忘れてはならないのは、正しいマインドセットです。努力には意味があると自分に言い聞かせ、すぐに結果が出なくても、あるいは何かで挫折してもあきらめないと覚悟を決める。

それに加えて、賢く努力することも大切です。あきらめずに続けることは大切ですが、もし本当に何かがうまくいっていないなら、そのまま続けても無意味かもしれません。そんなときは、自分の努力を調整し、何か新しいことに挑戦してみましょう！

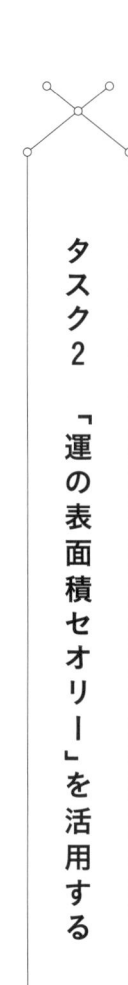

タスク2　「運の表面積セオリー」を活用する

先ほどの写真家に話を戻しましょう。今度は少し違う展開を想像してみます。

懸命に努力して写真の腕を磨き、苦労して会心の一枚を撮影することに成功しました。その作品をあらゆるコンテストに応募し、ついに受賞を果たします。そして授賞式に出席し、終わったらすぐに帰宅しました。

あるいは、式の後の懇親会にも残っていましたが、周りの立派な人たちに圧倒され、萎縮してしまった。その結果、自分をよく見せることばかりにとらわれ、本当の自分を出せなかった。

周りにいるのが映画関係者ばかりだとわかると、映画に詳しいふりをして話しますが、周りには無理をしているのがバレてしまう（これはまさに、前に登場した自己成就的予言です）。授賞式にいた人たちは、この写真家に特にいい印象を持たず、すぐに忘れてしまいました。

このシナリオでも、写真家は同じくらい努力しています。しかし、人生最大のチャンスをもたらしてくれた映画作家と出会うことはできませんでした。努力の積み重ねで動きだしたドミノはそこで止まり、同時に運も尽きてしまったのです。

いったい何が起こったのでしょう？

これは、「運の表面積セオリー」で説明できます。２つめのシナリオで、この写真家は運に触れる表面積を減らしてしまった。努力の量は同じですが、何か別の要素が公式から消えてしまったのです。

実際のところ、成功にいたる道は一直線ではありません。偶然のチャンスが訪れるのは、いくつかの力が組み合わさり、何か特別な力が生まれたときです。努力、あきらめない心、レジリエンス、教育、賢い努力、忍耐、人脈――これらのうち、どれがいちばん大切なのでしょう？

答えは「すべて」です。ここでのカギは、これらすべてをうまく組み合わせることです。

「運の表面積」という言葉をつくったのは、起業家のジェイソン・ロバーツです。簡単に説明すると、運の表面積とは、自分の情熱に関わる行動の量と、自分の情熱を共有する人の数を合わせたものです。

先ほどの写真家の例で考えてみましょう。写真家が成功できたのは、写真家として努力を積み重ね、そして自分の情熱を正しい人に効果的に伝えたからです。

とはいえ、「正しい人」かどうかは、どうやって見分ければいいのでしょうか？　残念ながら、見分ける方法はありません。だからこそ、自分の情熱をできるだけたくさんの人に伝えなければならないのです！

この写真家の成功を公式にすると、**「運の表面積＝行動する×人に話す」**となります。

基本的に、運とは、情熱に向けて行動することと、それについて他人に話すことが重なった結果として生まれます。ここで、「話す」がX軸、「行動する」がY軸のグラフを思い浮かべてください。X軸の値とY軸の値が交差してできた四角形が、運の表面積ということになります。

たくさんの人に話すほどX軸の値が増えていきますが、必要な努力を怠っていればY軸の値は増えません。その結果、面積の小さい、細長い四角形ができあがります。同じように、どんなにたくさん努力しても、それを誰にも話さなければ、やはり運の表面積は小さくなってしまうのです。

運の表面積を可能なかぎり大きくするには、「行動する」と「話す」の両方が必要です。努力して専門的なスキルを磨き、さらに人脈も広げる。努力は自分でするものであり、そして運は他人からもたらされるものです。行動するだけでなく、その行動について周りに話さなければばなりません。

これまでは、運を味方につけたいなら、とにかく行動することが大切だという話をしてきました。しかし、自分の行動をできるだけ人に話し、広く知ってもらうことも、同じくらい大切なのです。

運のよさは、情熱を持っていることのために行動した量と、その行動を話した相手の数の組み合わせで決まります。

「努力がすべてだ」
「大切なのは情熱だ」
「何を知っているかではなく、誰を知っているかで決まる」

どれも成功の秘訣としてよく言われていることですが、どうやらこの3つすべてが正しいようです。次からは、この理論を実践に応用し、偶然のチャンスを呼び込む方法について見ていきましょう。

ステップ1

運を向上させたいと思っている分野についてよく考えます。それは仕事かもしれないし、プライベートの人間関係かもしれない。あるいは、クリエイティブな分野の目標かもしれません。

ステップ2

「話す」をX軸に、「行動する」をY軸にして簡単なグラフをつくります。次に、過去1カ月をふり返り、ステップ1であげた分野でどれくらい努力したかを考えます。最大限の努力をしたなら10点、まったく努力していないなら1点で点数をつけます。同じように、自分のプロジェクトや目標についてどれくらい人に話したかも考えます。話す量だけでなく、何人に話したかということも重要です。頻繁に、たくさんの人に話したなら10点とし、ここでも1点から10点で点数をつけます。

ステップ3

X軸とY軸の値を出し、グラフに四角形を描きます。これがあなたの「運の表面積」です。このグラフを見れば、「行動する」と「話す」のどちらが足りないかが一目でわかります（あるいは、両方とも足りていないかもしれません！）。

ステップ4

ステップ3でわかったことをもとに、運の表面積を増やすためにできることを考えます。たとえば、話す相手を1週間に1人ずつ増やす、1日の努力の時間を1時間増やす、といった方法が考えられます。

ステップ5

まだ終わりではありません！　ステップ4の結果を注意深く観察してください。そして効果があった対策を見つけ、それをもっと増やしましょう！

「行動する」と「話す」の両方で点数が低かった人もいるでしょう。もしあなたがそうなら、自分は運がいいと喜んでください！　なぜなら、どちらの対策であっても、それを実践するだけで運の表面積は拡大するからです。

自分の運の表面積はすでに十分な広さがあるという結果になった人は、今度は「時間」という第3の軸も加えて考えてみてください。今の努力を続けていれば、いずれ大きな結果につながるでしょう。

どんな行動をとり、どんな方法で周りに伝えるかを考えるときは、前の章で学んだことも思い出してください。それは、運のいい人のマインドセットと思考パターンです。

挫折や失敗から立ち直る力があること、途中であきらめないこと、楽観的であること、神経症的な傾向が低いこと。次からは、それぞれについて具体的に見ていきましょう。

新しい仕事を探していますが、なかなか見つからないとしましょう。運の表面積のグラフをつくってみたところ、履歴書を練り上げること、面接、リクルーターとの面談に多大な時間を使っていて、普段の会話で自分の目標についてほとんど話していないことに気づきました。実際のところ、周りの人たちは、あなたが仕事を探していることさえ知らなかったのです！

そこであなたは行動を起こします。ＳＮＳで、自分のことや、自分の目標を話す。親しい友人に頼んで、自分のような人材を探している人を紹介してもらってもいいかもしれません。これらはすべて、いわゆる「弱いつながり」と呼ばれる関係です（たとえば、友達の友達の友達など）。

この弱いつながりが、もっとも強力に運を引き寄せてくれることもあります。たとえば、友達のお母さんの知り合いの男性の妻が、あなたが仕事を探している分野で先生をしている、といったことです。たしかにかなり遠い縁ですが、注意深く探っていけば、紹介してくれるような共通の知り合いが見つかるかもしれません。

最初は仕事の話はせず、ただ一般的なアドバイスを求める気持ちで会いましょう。そうやって人脈を築いていくのです。

先生と実際に会い、有意義な会話はできましたが、仕事の紹介はできないと言われたとしましょう。それでも、昔の教え子の中にこの分野の会社で働いている人がいて、その人の会社はつねに人を探しているとのことです。先生はあなたに詳細を教えてくれます。

そこであなたは、教えられた連絡先に電話をして、先生の名前を出し、人事担当者と話すことができた。担当者は、今のところ採用はしていないけれど、もし人が必要になったら連絡すると言ってくれた。

そして1カ月後、ついにその担当者から連絡がきました――うちの会社では雇えないけれど、ある大学があなたを雇いたいと言っている。興味はあるだろうか?

あなたは「イエス」と答える。そして幸運なことに、あなたの手元には完璧に練り上げられた履歴書が、さまざまなバージョンで用意されている。あなたはすぐに、このチャンスに飛びつきました。

準備は完璧にできています。面接の受け答えはもう何度も練習し、しかもそれだけでなく、すでに何度も他の会社で面接を受けていたので、この仕事で受け取れる報酬の相場もよく知っています。面接は完璧な出来でした。そして数日後、あなたはついに理想の仕事を手に入れました。

これは運でしょうか？　それとも努力の結果でしょうか？　どちらかが欠けていても、この物語は成立しなかったでしょう。運の表面積セオリーでわかるのは、**運は行動であり、それと同時に運は人間関係でもある**ということです。

もう1つの例も見てみましょう。あなたは、自分の本を出版するという生涯の夢に挑戦しているところです。本を出すのは子どものころからの夢で、あなたを知る人は誰でも、それがあなたの人生のミッションだということを知っています。しかしあなたは、もしかしたら「行動する」と「話す」のバランスが悪いのではないかと気づきました。

あなたは聞いてくれる人さえいれば、いつも自分の本の構想を詳しく話しています。どんなテーマの本なのか、なぜそのテーマなのか。

それでも、机に向かって運の表面積のグラフをつくってみたところ、自分の行動があまりにも少なかったことに驚いてしまいました。実際、本はまだ半分しか書いていません。しかも、この1カ月は一文字も書いていない。

あなたはすでに、自分の夢をできるだけ多くの人に知ってもらったほうが、偶然のチャンスに恵まれる確率も高くなるということは知っていました。しかし、どうやらやりすぎだったのかもしれません。夢を語るばかりで、肝心の本はまだ完成していなかったのですから！

ここで必要なのは、具体的な行動プランです。そこであなたは、とにかく毎日書くと決めました。たとえば「1日に1000語」という目標を決め、そして誰かに夢について話すときは、実際に書いていることと、どこまで書けたかを伝えるようにする。そうすれば相手のほうも、あなたがただ熱心に夢を語るだけでなく、実際に行動しているということがわかるでしょう。

そして最後に、「行動する」も「話す」も欠けているという例についても考えてみましょう。誰にも話していない夢があり、そして夢の実現に向かって何の行動もしていないという状態です。

もしかしたらあなたは、引き寄せの法則の信奉者で、ただ心の中で強く願うだけで実現すると信じているのかもしれません。あるいは、自分に自信がなく、まだ夢がかなっていないのは、夢の実現を本気で信じていないからだという可能性もあるでしょう。

運の表面積のエクササイズは、自分の足りないところを見つけて罪悪感を持つことが目的ではありません。このエクササイズでわかるのは、どの分野にエネルギーを注げばもっとも見返りが大きくなるのかということです。せっかく努力したのに、小さな結果にしかつながらない、あるいは最悪の場合、まったく結果が出なかったりしたら、多大な時間とエネルギーが無駄になってしまいます。

自分に足りないのは行動だということがわかったら、行動を増やせばいいのです。今すぐにできることを考えてみましょう。

・着実に夢の実現に近づく小さな目標を決め、それを達成する。
・何かを形にする。たとえば、本の1章を書く、ビジネスプランを立てる、自分のウェブサイトをつくる、など。
・何かを学ぶ。どの分野の知識が足りないことが、夢の実現を妨げているのか？　その知識を手に入れるにはどうすればいいか？
・整理整頓。オフィスを片づける。必要な書類を見つけやすくするために、新しいファイリングシステムを確立する。1カ月先までの具体的な計画を立てる。
・問題解決。助けを求める。うまくいっていないものをやめる。障害が少しでも小さくなるような戦略を立てる。

もし「話す」が足りないなら、自分の情熱について話すことを始めましょう。それも、今すぐに。

・初めて会う人に自己紹介をするときに、自分が取り組んでいることについて少し伝える。

そのとき、遠慮せずに喜びや情熱を表に出すこと。もしお望みなら、ちょっとくらい自慢してもかまいません！

・自分が目標に向かってきちんと努力するように、周りの人に見はってもらう。あるいは、同じように何かのプロジェクトに取り組んでいる人とチームになり、定期的に連絡を取って進捗状況を伝え合うという方法もあります。

・どう考えても自分の助けになりそうもない人にも、自分のプロジェクトについて話す。何がどう転ぶかは誰にもわかりません！

・憧れの人、尊敬している人に自分の計画について話す。話すことで目標の形が明確になり、さらにモチベーションも高まります。それに加えて、彼らのような人は、あなたにとってもっとも有益なアドバイスをしてくれたり、チャンスを与えてくれたりするはずです。

・勝利のことだけを話さない。もし失敗や挫折を経験したなら、そのことも積極的に話す。助けてほしい、解決策を探しているとはっきり言えば、願いがかなうかもしれません。

・自分のミッションについて話すことの一環として、アドバイスや意見を求める。

運の表面積セオリーでいちばん大切なのは、「話す」と「行動する」の相互作用です。つまり、何かを話したらそれを行動で証明し、そして行動したらそれを周りに伝えるということです。

新しい知り合いをつくり、その新しい関係を育てるための行動を起こす。懸命に努力し、その努力の結果を人々に伝える。自分の情熱に火をつけるものについて話し、そして相手が興味を持ったら、そのチャンスを逃さずに行動につなげましょう。

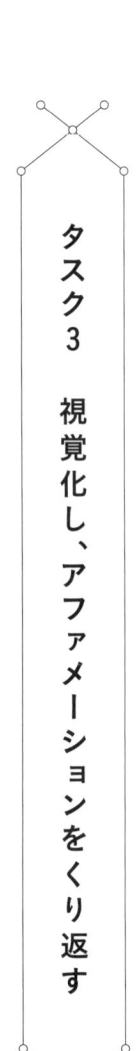

タスク3　視覚化し、アファメーションをくり返す

3つめのタスクである視覚化とアファメーションについても、効果のほどを詳細に検証していきましょう。それぞれ独立していますが、関連するところもたくさんあるこの2つのメソッドを活用すれば、「運のいい人生」をつくるための強力なツールにもなります。

視覚化とは、達成したい目標や、手に入れたいものについて考えることです。想像力を駆使して、夢をかなえた自分の姿を詳細に思い描く。視覚化するものは何でもかまいません。物質的なものでもいいし、ある種の感情や精神状態でもいい。視覚化のメソッドで、視覚化してはいけないものはありません。

視覚化を成功させるカギは、できるかぎり鮮明に思い描くこと。可能なかぎり、細部の一つひとつまで詳細に想像します。五感のすべてを使うのはもちろん、夢が実現したときの思考や感情も視覚化に加えましょう。

たとえばあなたは、人生で最高の体型になった自分、大邸宅とランドローバーを手に入れた自分、帰宅すると理想の配偶者とかわいい子どもたちに出迎えられる自分、などを視覚化するかもしれません。

そのとき、ただ頭の中で想像するだけでなく、「ビジョンボード」というテクニックも昔からよく使われています。ビジョンボードとは、欲しいものの画像を集めてホワイトボードに貼ったものです。これを毎日眺めれば、視覚化の助けになるでしょう。

視覚化でカギになるのは、手に入れたいものの姿を可能なかぎり詳細に思い描くことです。これは簡単にはできないかもしれません。自分の欲しいものはわかっていると自信を持っていても、いざ視覚化しようとすると、細部まできちんと考えていなかったことに気づくものです。あるいは、実際に視覚化してみて、初めて「これは自分の欲しいものではない」と気づく人もいるでしょう。視覚化には何かを起こす力がありますが、それと同時に、目標を明確にしたり、目標への集中力を高めたりする力もあるのです。

次に、アファメーションについても見ていきましょう。アファメーションとは、理想の自分を声に出して宣言するというテクニックです。目標を達成した自分を思い描きながら、ポジティブな宣言をくり返します。言い換えると、自分の欲しいもの、達成したいことを、自分に向かって何度も言い聞かせるということです。

ポジティブなアファメーションをくり返すと（たいていは鏡に向かって行います）、ポジティブなエネルギーが引き寄せられ、それが夢の実現につながるとされています。具体的には、毎朝鏡に向かい、「私はお金持ちになり、大きな家を所有する」という言葉を10回くり返す、というような形で行います。

そんなうまい話があるわけがないと思いますか？　もちろん、あまりに荒唐無稽な夢なら、どんなにアファメーションをくり返しても、実現することはないでしょう。また、ただアファメーションをくり返すだけで、夢の実現のために具体的な行動を何も取らないのであれば、それはファンタジーの世界に生きているだけです。

ここで大切なのは、現実的なシナリオであれば、視覚化とアファメーションには本当に運を引き寄せていい結果をもたらす効果があるのか、ということです。

視覚化とアファメーションは、自信を高めたい、運を引き寄せたい、欲しいものを手に入れたいという人たちにとって、とても人気のあるメソッドです。とはいえ、本当に効果があるのでしょうか？

一見したところ、自分の目標をより明確に意識するようになるという効果はありそうです。

欲しいものがはっきりし、それを手に入れるまでの具体的なステップも想像できる。しかし、視覚化とアファメーションそのものに力はあるのでしょうか？　視覚化とアファメーションを行えば、行わなかった人よりも高い確率で、成功と運を引き寄せることができるのでしょうか？

オーストラリア人心理学者のアラン・リチャードソンは、ポジティブな視覚化に具体的な効果があるのか計測することに挑戦しました。実験の参加者を集め、まずバスケットボールのフリースローを打ってもらい、それぞれの成功率からフリースローの基礎的な能力を測ります。そして次に、参加者を3つのグループに分けます。

・グループA　20日間、フリースローを毎日練習する
・グループB　実験の初日と最終日だけフリースローを打つ
・グループC　実験の初日と最終日だけフリースローを打つが、毎日20分、フリースローを打つ自分を想像するメンタルトレーニングを行う

そして実験開始から20日後、すべての参加者がまた集められ、フリースローを打ちました。20日間練習したグループAの成功率は、平均して25パーセント上昇しました。まったく練習

しなかったグループBの成功率は、まったく上がりませんでした。どちらも驚くような結果ではないでしょう。

しかし、ここで注目したいのはグループCの結果です。実際にフリースローを打ったのは実験の初日と最終日だけでしたが、成功率は平均して24パーセント上がったのです。この数字はグループAとほぼ同じです。グループAは実際に練習しましたが、グループCはフリースローを打つ自分を想像するメンタルトレーニングだけでした。ボールには一切触っていません。

これは驚くべき結果です。リチャードソンはこの結果を受けて、視覚化にはたしかに成功をもたらす力がある、少なくともフリースローがうまくなるという効果は確認されたと結論づけました。

グループCの参加者は、ボールが自分の手を離れ、完璧な弧を描いてネットに吸い込まれるようすを鮮明に想像しました。それを20日間続けただけで、実際にフリースローの成功率が大きく上がりました。彼らはたしかに、ポジティブな視覚化を通して能力を向上させたのです。

視覚化で能力が向上するなら、運を向上させることもできると考えてもおかしくないでしょう。頭の中でリハーサルを行えば、本番に向けて準備することができます。何もしていなければ見逃していたチャンスにも、積極的に飛び込んでいけるでしょう。

これはまるで、潜在意識が想像を現実に変える方法を探しているかのようです。潜在意識が解決策を見つけ、チャンスに気づき、理想を描いたビジョンに沿って実際の出来事を解釈する。チャンスを想像していれば、チャンスを見つけるのもうまくなるのかもしれません。私の考えでは、これはたしかに「運」と呼べるでしょう。

次に、アファメーションについても見ていきましょう。カーネギーメロン大学の研究チームは、アファメーションがパフォーマンスに与える影響について調べました。

実験の参加者は73人の大学生です。研究者は集めた学生たちに、自分にとって大切な価値を11個あげ、それを大切な順に並べてもらいました。次に参加者を2つのグループに分けます。1つのグループは、リストのトップに書いた価値が自分にとって大切である理由を書き、それをアファメーションの形で読むというエクササイズを行います。もう1つのグループは統制群で、リストの9番目にある価値について書いてもらいました。

アファメーションの効果を計測するために、参加者に時間制限のある問題を解いてもらいました。その際、参加者は、研究者からプレッシャーをかけられます。その結果、アファメーションを行ったグループは、統制群に比べ、テストの成績がよかったのです。

これらの結果からわかるのは、アファメーションには、プレッシャーのかかる状況でも冷静さを保ち、柔軟に思考できるようになる効果があるということです。

人はストレスや不安を感じると、脳が思うように機能しなくなります。ストレスとは、ある刺激に対する不快な心理的反応であるという事実を考えると、ポジティブなアファメーションにはその不快な反応を取り除く力があるのかもしれません。仕事や学校で多大なストレスにさらされている人は、アファメーションが助けになる可能性があります。

アファメーションそのものに、パフォーマンスを向上させる力はないかもしれません。しかし、パフォーマンスの質を下げるのを妨げる効果は認められる。たいていの場合、この効果だけでもかなりありがたいはずです。

視覚化やアファメーションについては、以前にも聞いたことがあるという人も多いでしょう。だから実際に効果があると科学的に確認できたのはいいことです。気分の向上や不安を取り除くといったポジティブな心理的効果はもちろん、パフォーマンスも何らかの形で向上します。

しかし、まだ大きな疑問は残っています。視覚化とアファメーションのメソッドには、運気を高める効果も期待できるのでしょうか？

その答えは、「イエスでもある」です。

これ以上の具体的な答えは存在しません。これまで紹介したような研究や実験の結果からわかるのは、自分の心理状態にポジティブな影響を与えるのは可能だということです。そしてポジティブな心理状態は、運そのものを生むことはないとしても、間違いなく運を引き寄せる土台にはなる。

さらに重要なのは、それらの研究によって、自分を信じることの力が証明されたことです。**自分を信じるとは、自分は運がよかったと考えるのではなく、自分には能力があると考えることです。**

視覚化やアファメーションといったメソッドを、現実的な形で賢く活用すれば、統制の所在を自分の中にシフトさせることができる。コントロール権は自分の中にあると信じていれば、運よりも自分の能力を頼るようになるでしょう。

ここでもまた、自分の行動に責任を持つことは、運という概念と対立するという問題に直面しました。すでに見たように、もっとも運のいい人ほど運に頼らないという矛盾が存在する。彼らは自分の力を信じ、努力することで、望みの結果を実現させるのです。

迷信の力

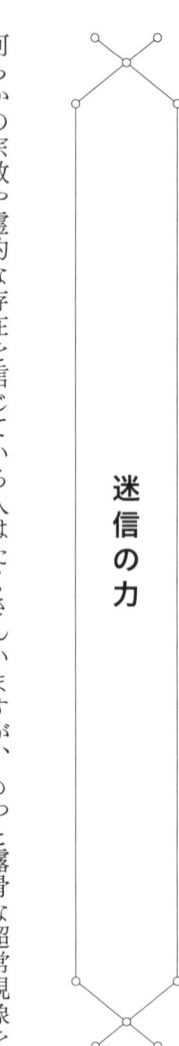

何らかの宗教や霊的な存在を信じている人はたくさんいますが、もっと露骨な超常現象を信じているとおおっぴらに認める人はほとんどいません。

幽霊や、ベッドの下の怪物は信じていないかもしれませんが、それでも大多数の人は何らかの不思議な力を信じています。自分だけの決まったルーティンがある人もいれば、理屈では説明できない幻覚を体験したという人、魔法としか思えないような何かを見たという人もいるでしょう。これは知性とはまったく関係ありません。むしろ誰でも経験することであり、物事のパターンや因果関係を探すように進化した人間にとっては、ごく自然なことなのでしょう。

応援しているスポーツチームに勝ってもらいたい？　それなら、前にそのチームが勝ったときにはいていた靴下をまたはいてみましょう。何の意味もないかもしれませんが……でも、本当に効果があったら？

こういったことは、ほんの少しずつ、ほとんど気づかないような形で、私たちの生活に忍び込んできます。その結果、それらを信じることがほぼ第二の本能のようになっているのでしょう。

「超常現象」という言葉は、伝統的な自然科学では説明できないものをすべて表す便利な表現になっています。とはいえ、いくら説明できないからといって、クッキーがなくなったら犬ではなく幽霊のせいにするのは、とても興味深い人間の一面といえるでしょう。私たち人間は、自分の理解を超えるものでも、何かと理由をつけて理解しようとするのです。

人間のこの傾向は、古代から現代にいたるまで見ることができます。たとえば古代ギリシャました。

では、神を身代わりにするか、あるいは救世主にすることで、ほぼすべての現象を説明しようとしました。また、アメリカ先住民の文化には、豊作を祈って雨乞いの踊りをする習慣がありました。

私たち人間には、物事をコントロールしたいという強烈な欲求があります。コントロールする力を失うと、自分は取るに足らない存在だと感じたり、実際に危険にさらされたりするからです。人は何かをコントロールしていると感じると、より能動的になり、自分で問題を解決しようとします。反対に自分にコントロールする力はないと感じると、無力感にさいなまれ、より強い力に従うようになるのです。

超自然的な力がコントロールしていると信じるのは、たとえ理解はできないとしても何かのせいにしたほうが、まったく説明できないという状況よりもはるかに安心できるからです。

人間は物事に意味を求めます。自分たちはただの分子の集まりであり、炭素と水素が偶然くっついてできあがった物体にすぎないとは考えたくないのです。もしかしたら本当にそうなのかもしれませんが、それでも、何か目的があると考えたほうがずっと気分がよくなります。

そこで出てくるのが迷信の問題です。おそらく迷信は、人類が説明できないものや、超自然的なものを信じるときに、最初に採用した形だったといえるでしょう。

「迷信」という言葉の厳密な定義は、「因果関係が存在すると仮定するときに、人々が用いる態度や思考パターン」となります。人が迷信に従って行動するのは、そうすることである具体的な結果に近づけると信じているからです。

たとえば、好きなフットボールチームが3回勝ったとき、自分はその3回とも赤い下着を着ていたと気づいたとしましょう。これで新しい迷信の誕生です。もうあなたは、試合のある日は赤い下着しか着なくなる。下着が試合結果に影響を与えられるわけではないかもしれませんが、それでもそこには何らかの因果関係があるように感じる。だからとにかく赤い下着を着る――ときには、無意識のうちにそうしていることもあるかもしれません。

「古典的条件づけ」とは、ある刺激によってある決まった反応が起こるように学習することです。私たちが生涯にわたって信じる迷信の多くも、この古典的条件づけから生まれています。ある行動をしてある結果が出ると、その行動と結果を結びつける。それはただの相関か、あるいはまったくの偶然だったとしても、そこに何らかの因果関係を見いだしてしまうのです。

たとえば、スポーツファンの中には、試合を見るときはいつも同じ椅子に座るという人もいます。なぜなら、3年前に2回、その椅子に座って観戦したら、応援しているチームが勝ったから。どの椅子に座ろうと試合結果に影響はないなどと言ったら、彼らは驚くかもしれません。

はしごの下を通るのは不吉だという迷信が存在するのも、過去にはしごの下を通ったときに何か悪いことが起こったからでしょう。こう考えると、迷信とは要するに、合理的な法則の代わりとなって、理解できない現象を説明してくれる何かだということになります。

そして、迷信を信じるのはどうやら人間だけではないようです。1948年、有名な心理学者のB・F・スキナーが、鳩にも迷信があることを発見しました。スキナーの実験で、鳩はエサが出てくるときにしていた自分の行動をずっとくり返していたのです。エサの間隔が決まっていても、あるいは不定期であっても関係ありません。

言い換えると、鳩はある行動をするとエサが出てくるということを学習し、たとえそこに因果関係は存在しなくても、その行動をくり返したということです。このような迷信が生まれるのは、現実世界における本物の因果関係を理解していないことが原因でしょう。

ケント州立大学のシャナ・ウィルソンは、人々、中でも特にスポーツファンが迷信を信じる理由を研究しました。その結果わかったのは、迷信を信じる人は、いわゆる「不確実性仮説」の影響を受けやすいということです。

不確実性仮説とは、確実性がまったくない状況で、何らかのコントロール力を行使する方法を探そうとする人間の傾向をさしています。不確実な状態は、人間にとってとても居心地の悪いものです。そこで、たとえウソでも因果関係が存在すると信じることで、少しでも安心しようとするのです。

不確実性仮説の例は日々の生活の中にも見つけることができます。交通渋滞に巻き込まれるのが好きな人はいないでしょう。誰でもじゃまされずに自由に運転したいと思うものです。それでは、走行距離と時間がまったく同じなら、渋滞の中を運転するのと、空いている道で自由に運転するのとどちらがいいですか？

たいていの人は後者を選ぶでしょう。私たちがじゃまの入らない運転を好むのは、車の速度を自分の好きなようにコントロールできるからです。一方で、渋滞にはまったりすると、自分にコントロールできることはほとんどなく、無慈悲な交通の神に従うしかありません。それが、絶望や無力感につながるのです。

状況をまったくコントロールできないという極端な状態になると、人はある種の不安や抑うつを覚えます。何をどうがんばっても悲惨な結果になるとわかっているのに、どうやってモチベーションを保てというのでしょう。そのため私たちは、コントロールできない状況が重要であるほど、何か迷信的な行動を通して、ある種のコントロールを手に入れようとするのです。

これは、前に見た「統制の所在」の陰の一面でもあります。コントロール権は自分の中にあると信じれば、より幸せになれる——そのコントロール権が本物か、それとも単なる想像の産物であるかは関係ありません。

２０１３年、心理学者のダニエル・ワンは、スポーツファンのある独特な思考パターンを発見しました。スポーツファンは、自分の迷信的な行動で試合結果に影響を与えることができると信じているのです。たとえば、試合のときに決まった服を着る、決まったものを飲んだり食べたりする、決まったお守りを身につけるといった行動が典型的です。

さらにこの研究では、たとえスポーツファンでなくても、自分にコントロールできない要素で何か大切なことが決まるとき、たいていの人はより迷信的になると指摘しています。

迷信は、迷信に頼って実際の努力を怠らないかぎりは、基本的に無害です。現実の結果には影響を与えず、それでも迷信を信じている人はいい気分になれるのであれば、特に問題があるとは思えません。問題が起こるのは、自分にコントロールできる結果と、コントロールできない結果の区別ができなくなるときです。

著述家で、コネチカット・カレッジ教授のスチュアート・ヴァイスによると、人が迷信的な行動をするのは、コントロールしているという幻想で安心したいからです。「ポジティブで、運気を上げるような迷信は精神にとってプラスに作用し、すでに熟達した能力を向上させる効果があることが証明された」とヴァイスは言います。

「迷信がよく持ち出されるような出来事は、たいてい不安がつきまとっている。重要な意味を持つ結果をコントロールできないという状況は不安を生む。そのため、この世に魔法はないと頭ではわかっていても、この心理的な利点によって迷信は維持されてきた。それに加えて、迷信の通りになることが一度でもあると、その後は迷信を無視して運命を変えたくないと思うものだ」

ポジティブな迷信には、自信を高める、不安を軽減するといった効果があります。なぜなら、迷信はあなたを悩ませる問題をすべて解決してくれるからです。

就職の面接でいつも緊張してしまうので、必ず「幸運の靴下」をはくようにしているというのなら、靴下のおかげで自信満々で面接に臨むことができるでしょう。これは迷信のポジティブな側面であり、迷信的な行動を一切しない場合と比べ、心理的な利点がかなり大きくなります。

すでに見たように、肝心なのは「幸運の靴下」そのものではなく、それが心理面に与えてくれる影響です。「この靴下をはいていれば大丈夫」という迷信が自己成就的予言として働き、実際に大丈夫だと思えるようになるのです。

たとえ何の効果もない偽薬でも、本物の薬だと信じて飲めば効いてしまうという「プラシーボ効果」も、これと同じ原理です。人間は、自分の行動には効果があると信じると、実際にその効果があったと自分を信じ込ませることができる——そして十分に強く信じると、理想の結果を引き寄せることもできるのです。

これはつまり、迷信を信じたほうがいいということなのでしょうか？　答えは「イエス！」です。とはいえ、迷信の正体と、迷信の働き方をきちんと理解しておかなければなりません。

迷信的な行動を取るのはとてつもなく簡単で、そしておそらく、迷信は想像以上に広く信じられています。私たちは自分の脳にだまされ、幻想のコントロールを信じてしまっている。なぜなら、そのほうがずっと安心できるからです。しかし一方で、その安心感は、使い方によっては害のある形で現実をゆがめることもあるのです。

第4章のまとめ

☆運の一部は私たちの行動や選択から生まれ、そしてその行動や選択は私たちのマインドセットや思考パターンから生まれます。

☆「運=準備+チャンス」という公式が正しく、チャンスをコントロールすることはできないとしたら、チャンスに恵まれたときにそれを最大限に生かせるように準備しておくことが、運を向上させる唯一の方法ということになります。

☆人生でさらにたくさんの幸運に恵まれたいなら、努力するのがもっとも確実な方法です。たとえ目標がはるか遠くにあっても、結果が保証されていなくても、努力に勝るものはありません。

☆とはいえ、努力がすべてでもありません。運の表面積セオリーによると、運のよさは「行動する」と「話す」の両方で決まります。つまり、努力するだけでなく、自分の情熱を周りにも伝えなければなりません。自分でも「行動する」と「話す」のグラフをつくれば、自分に足りないところが見つかるでしょう。

☆ 視覚化とポジティブなアファメーションにも運を向上させる効果があります。どちらのメソッドも、パフォーマンスの向上とよりよい結果につながることは、科学的に証明されています。効果を最大限に高めるコツは、目標を可能なかぎり鮮明に視覚化し、そしてアファメーションを定期的に行うこと。そして当然ながら、この2つに具体的な行動を加えると、効果がもっとも大きくなります!

☆ 迷信的な行動は人間にとって自然なことであり、不確実性に対処する方法として進化してきました。迷信の役割は、不確実な状況でもコントロールしているという感覚を保つことです。この世に魔法は存在しませんが、迷信を信じること自体に大きな力があります。しかし、迷信にも良し悪しがあり、最高の迷信とは、コントロール権は自分の中にあるという感覚を強化してくれるもの、そして実際にコントロールできるものとできないものに関して、私たちの認識をゆがませないものです。

第5章

「運のいい人」のマインドセット

たいていの人が運と結びつける現象が2つあります。それは、「偶然の一致」と「セレンディピティ」です。

セレンディピティとは、おそらくまったくの偶然によって、自分にとって好ましい出来事が起こることです。

たとえば、たまたま道で拾ったお金が、その後レストランで食事をしたときに足りなかった金額と完全に一致した、というような例がセレンディピティです。あるいは、たまたま開いた本の章に、研究やプロジェクトでもっとも必要で、何年も前から探していた情報が書かれていたというのもセレンディピティです。

故郷を遠く離れた大都会の真ん中で、小さな町で一緒に育った幼なじみとばったり会う。「すごい偶然だね！」とお互いに言い合いながら、おそらくあなたはある種のセレンディピティを経験しているのです。

偶然の一致もセレンディピティと同じように、特に因果関係もなく不思議な出来事が起こるような現象をさしています。

「偶然」という言葉は、「3日も続けてお互いに同じ色のシャツを着てくるなんて、すごい偶然だね！」というように、肯定的な意味で使われることもあります。しかしその一方で、「3日も続けてお互いに同じ色のシャツを着てくるなんて、とても偶然とは思えない！」というように、否定的な意味で使われることもある。

また、ポジティブな意味でも、ネガティブな意味でも使われます。「私たち2人とも人口が500人しかいない村の出身なんて信じられない！」というのはポジティブな意味で、「こんなに大きな街なのに元カレが同じレストランにいるなんて信じられない！」というのはネガティブな意味です。

偶然の一致もセレンディピティも、本質的にはランダムな出来事です。しかし、どうやらこれらの現象を経験するほど、運もよくなるようなのです。

中には、この魔法のような現象を説明する理論を構築する人もいました。カール・ユングが提唱した「シンクロニシティ」もそうですし、私たちはみな守護天使に守られ、導かれているという考えもそうでしょう。

しかし、ここで私たちが本当に知りたいのは、これらの一見したところは無関係な出来事は、実は何らかの形でつながっているのか、あるいは純粋に統計的な確率の問題なのか、ということです。

運、偶然の一致、セレンディピティと呼ばれるものを、理論的に説明することは可能なのでしょうか？　そして、もし説明できるなら、それらを人生にもっとたくさん引き寄せる方法はあるのでしょうか？

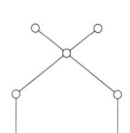

セレンディピティ・マインドセット

私たちが今まで「運」と呼んできたものは、もしかしたら「セレンディピティ」と呼んでもいいのかもしれません。セレンディピティとは、「自分はついている」と思えるような、偶然の出会いのことです。

多くの人は、夢の仕事を手に入れたこと、運命の人と出会えたこと、事故などで九死に一生を得たことなどを、セレンディピティと呼んでいます。また、科学の大発見のようなものも、セレンディピティで実現することがあります。

マジックテープ、ペニシリン、電子レンジなど、すべての発明にはちょっとしたセレンディピティが必要でした。実際、コンビナトリアル化学という分野は、さまざまな化学物質を効率的に合成し、その中から目的に合った化合物を見つけることを目指しているので、偶然の発見がすべてといってもいいでしょう。

すでに見たように、偶然のチャンスは、自分で引き寄せることも、自分でつくり出すこともできます。また、チャンスが訪れたときのために、普段から準備しておくこともできます。それと同じように、セレンディピティに遭遇する確率も、自分の力で上げることができるのです。

そしてもうおわかりのように、ここでも大切なのはマインドセットです。セレンディピティは未知の場所からやって来る。それなら、予期していないものに対する普段からの態度が、セレンディピティとの関係や、人生でどれくらい運に恵まれるかといったことを決めるというのも当然でしょう。

原理的に、予期していないものを自分でつくることはできません。しかし、予期していないものと遭遇し、そのチャンスを最大限に生かせるような環境を整えることならできます。クリスチャン・ブッシュ博士は、『セレンディピティ――点をつなぐ力』（東洋経済新報社）という著書の中で、運のいい人生、セレンディピティに恵まれる人生を送るために、私たちが演じなければならない役割について書いています。

ブッシュによると、セレンディピティは主に3つの要素で構成されています。

トリガー　トリガーが発動すると、予期していないこと、普通ではないことが起こります。トリガーは刺激であり、あなたにとって「驚き」や「違う」といった要素があり、何らかの形で有益なものです。

つながり　セレンディピティでは、一見したところは無関係なつながりや関係が大きな意味を持ちます。たしかにランダムなつながりですが、それでもトリガーと、表面上はトリガーとは無関係な何か別のものとの間に、自分でつながりをつくることができます。

価値　魔法はここで起こります。自分でつながりをつくれば、その中に解決策になりそうなもの、状況に対する新しい視点、あるいはさらに考えるための新しい道などが見つかります。

おそらくもうおわかりのように、**この3つの要素で大切なのは、さまざまな物事をつなげている細い糸や、驚きの要素が生まれる瞬間に気づき、それら未知のものと積極的に関わっていくこと**です。つまり、行動を起こし、それと同時に、物事が自然に発展する余地もたくさん残しておく。

物事の発展は、たいていの場合、予期することはできず、理解することすらできません。ときには物事がすべて自然に進むこともあるでしょう。しかし、すべてを自然にまかせるのではなく、半分は自分の力でセレンディピティを起こすこともできます。

そのときにカギになるのが、まず偶然のつながりに気づくこと、そしてそのつながりを意図的に活用することです。セレンディピティの要素が出現したら、それを見逃さず、自分の力で点と点をつなげていく。もしかしたら、自分でも気づかないうちに、数え切れないほどのチャンスが目の前を通りすぎているかもしれません！

セレンディピティはどのように起こるのか、具体的な例を参考に見ていきましょう。

パーティに出席し、何人かの新しい人と出会ったと想像してみてください。仕事は何をしているのかと質問されたあなたは、運の表面積セオリーのことを思い出し、今は成人教育の教師をしているが、自分が教えている大学のカウンセリングコースを卒業した人たちと共同で、メンタルヘルスのプログラムを立ち上げようとしているところだと熱を込めて語ります。

すると相手は、「それはすばらしいですね。たしか私のおばが昔、似たようなことをやっていました。彼女は美術教師なのですが、コミュニティ・カウンセリングに関するあらゆることを手がけている基金にも参加していたんですよ」と答えます。

ここで出現した小さなつながりを、まったく生かさずにそのまま流してしまう可能性もあるでしょう。あなたは美術を教えることに一切興味がなく、あなたが働く大学には美術コースすらないのです。あなたはそこで、まったく違う話を始めるかもしれないし、あるいは会話を終わりにするかもしれない。

しかし、そこでセレンディピティのマインドセットがあれば、あなたはこの「トリガー」をしっかりとつかみ、「つながり」をつくろうとするでしょう。相手の話と、自分が今していることの中に、何か共通点はあるだろうか？　このケースでは、共通点はとてもたくさんあります。

あなたは会話の中で、資金不足や、法律の知識不足で、プログラムの立ち上げに苦労しているという話をします。相手のおばさんは、どうやってそのあたりの問題を克服したのでしょうか？　もっと詳しい話を聞くことはできるでしょうか？

会話が始まってわずか数分で、あなたはすでに種をまくことができました。もしかしたら1週間もしないうちに、この種が何らかの幸運を運んでくれるかもしれません。相手のおばさんから、あなたが知らなかった助成金の情報を教えてもらえるかもしれない。そしてその助成金が、プログラムの立ち上げの助けになってくれるかもしれない。

たしかに一見したところは、ほんの小さな出会いかもしれません。しかし、ただ自分のマインドセットを少し調整するだけで、このような瞬間が人生を大きく変えてくれる可能性があるのです。

もちろん、パーティで正しい人と出会える保証はどこにもありません。また、たとえ正しい人がその場にいても、その人と話ができるかどうかはわからない。しかし、すでに見たように、たとえ確実なことは何もなくても、運に恵まれる可能性を高める行動を取ることならできます。人の集まる場所に出かけ、知らない人に話しかける。チャンスがあったら「イエス」と言う。そして世界全般に対して興味を持つ。

この態度と、積極的で、ポジティブで、好奇心旺盛なマインドセットを組み合わせれば、会話のスキルが向上し、相手の話の中にあるトリガーを見逃さなくなるのです（ここで会話のスキルが低い人は、自分のことばかりペチャクチャと話したり、気後れして会話に入れなかったりするのです）。

あなたは、オープンな精神、リラックスした態度、好奇心という要素を備えているので、人々は喜んであなたに情報を届けてくれる。そしてあなたの前向きな態度に感化されるのです。

ここでもう1つ考えておきたいのは、運を構成する要素を理解するとセレンディピティを最大化できるのはたしかですが、自分でトリガーをつくることもセレンディピティ最大化の助けになるということです。

パーティの場で職業を尋ねられても、ただ「教師です」とだけ答え、それ以上は何も言わなかったら、見つけられたかもしれないチャンスをすべて逃してしまうことになるでしょう。おばさんの話も、助成金の話も聞くことはありません。

チャンスはいつでもそこにある――ただし、そのチャンスをつかまえるには、正しい態度が必要なのです。職業を尋ねられたら、詳しく話しましょう。どんな要素が興味深い状況につながるかわからないのですから！

ありがたいことに、セレンディピティにつながるトリガーを嗅ぎ分ける能力は、一般的な会話術と大きな違いはありません。自分から積極的に他者とつながり、自分について話し、あとは会話が予期せぬ方向に発展していくのにまかせていればいいだけです。

そのときに大切なのは、相手の話をきちんと聞き、思い込みや偏見にとらわれず、柔軟に思考すること。それに加えて、ユーモアのセンス、優しさ、問題解決志向があれば、目の前にチャンスが現れたときに、たとえそのチャンスがどんなに予想外の姿をしていても、きちんとつかまえることができるでしょう。

多くのチャンスに出合いたいなら、質問はとてもいい方法です。ただし、質問のしかたには気をつけなければなりません。間違った質問をすると、自分からチャンスをつぶしてしまうこともあります。自分の問題や可能性について、早い段階で「こうだ」と決めつけてしまうと、想像していなかった解決策が出現したときに、それに気づかなくなってしまいます。

たとえば、「このプロジェクトで使う施設をどうやって確保しようか？」という問題がある状態で、誰かと会話をしているとします。そんなときは、施設のことばかり考えて、会話の中に助成金がもらえるヒントがあっても見逃してしまう可能性が高いのです。そして言うまでもないことですが、「こんな問題も解決できないなんて、私はなんてダメなんだ」というマインドセットでいると、解決策はさらに遠のいてしまうでしょう！

誰かに質問をするときは、「あなたはどう思いますか？」「何かアイデアはありますか？」など、自由回答式の質問にしましょう。もちろん、ここでいちばん大切なのは、相手の答えに本当に興味を持ち、それを相手にもわかってもらうことです。

職場でのいわゆる「ブレインストーミング」で、実際は自分の意見が求められていないとわかったときのがっかり感は、誰でも経験があるでしょう。答えはすでに上司が決めていて、ただ形式的に意見を求めているだけだった。

あなたはそうではなく、真剣に相手の話を聞いてください。楽観的な態度で、解決策やチャンスは必ずあると信じる。あなたはただ、それを見つければいいだけです。

・他者は自分のビジョンの共同製作者だと思いましょう。彼らの中には、価値のある洞察、新しいアイデア、新鮮な視点がたくさん埋まった金鉱があるのです。自分のことを話し、彼らの話にも本物の興味を持つ。自分の身の周りに、人をつなげる達人の「スーパー・コネクター」を見つけることができればなおいいでしょう。

・自分の世界を分野ごとに切り離さない。バカンス中にすばらしいビジネスアイデアを思いつくかもしれないし、あるいは仕事の中に家庭で生かせる知恵があるかもしれません。それぞれの分野がかけ離れているほど、つながりが生む力は大きくなります。

・「ただの偶然」と切り捨てていいものはありません。何かに気づいたら、あるいは自分の頭の中でつながりが形成されたら、可能性を追求しましょう。それについて話しましょう。「変だと思われるかもしれないけれど、こんなことを考えたことはありますか？」というように。

・自分の問題を分析し、問題をチャンスに変える方法を考える。ある晩、あなたの経営するレストランが停電になりました。翌日、目の不自由なお客との会話で、相手が超味覚（平均よりも味を強く感じる能力）の持ち主だと知りました。そこであなたは、こんなアイデアを思いつく。「暗闇レストランという企画はどうだろう？　店内を真っ暗にして、お客には料理の味だけに集中してもらう」

・毎日、予定がまったくない時間をつくる。その時間は、ただ人生をあるがままに経験する。予定に追われていないときは、意外な考えが浮かんできたりするものです。何もせず、偏見を捨て、ただ周りを観察するときに、どんなことに気づくでしょう？

・前例踏襲、簡単な答え、固定観念を疑う。コントロールしたいという欲求を手放し、計画通りに運ばなかったことを気に病むのではなく、実際に起こったことに注目しましょう。バイアグラという薬もそうやって生まれました。他の目的で開発していた薬のテストで、この驚くべき副作用が発見されたのです。このとき研究者が、本来の目的にこだわって副作用を見逃していたら、この大成功した薬はこの世に存在しなかったでしょう！

- 会話をするときに、要点をずばり尋ねることを恐れない。「今いちばん刺激を受けていることは何ですか？」「今いちばん困っていることは何ですか？」などと尋ねてみましょう。
- 独創的になり、意外な組み合わせを考える。一見したところ関係ない2つのアイデアを組み合わせたら、どんなことが起こるでしょう？　あるいは、今書いている物語を完全に解体し、順番を変えて並べたら、どんな物語ができあがるでしょう？　ときには、ただ物事を違う角度から眺めるだけで、新しい洞察が手に入ることもあります。いつもと違うことをしているときにひらめきの瞬間が訪れたという経験が、あなたにもあるでしょう。たとえば、逆立ちをしているときや、ホテルのバスタブにつかっているとき、知らない街を歩いているときなどです。何かの問題で行きづまったら、行ったことのないカフェに入り、そこでしばらく問題について考えてみましょう。
- そして最後に、あいまいな状況に急いで答えを出そうとしてはいけません。さまざまな可能性に対してオープンでいましょう。未知のもの、手強い問題をどうにかしたいときは、リラックスして、遊び心を忘れずに。チャンスの苗に、大きく育つ時間を与えましょう。

たいていの人は、いわゆる「人脈づくり」や、薄っぺらい自己宣伝を毛嫌いしています。それが仕事の場でも、恋愛でも同じです。それでも、ただ人に会うだけで十分だというわけではありません。せっかくできたつながりを実りあるものにするには、ある種の技術が必要です。セレンディピティを求める挑戦がすぐにうまくいかなかったからといって、そこであきらめてはいけません。物事が熟成するには時間がかかります。弱いつながりや、見えないつながりが動きだすのを辛抱強く待ちましょう。

ここで大切なのは、昨日の失敗も、見方を変えれば今日のセレンディピティかもしれないということ。何があってもあきらめず、前を向きましょう。批判、恥、思い込みが蔓延（まんえん）する環境では、セレンディピティは大きく育ちません。むしろ大いに失敗し、失敗を楽しみましょう。結果を気にせず、プロセスを思いっきり楽しむのです。

ある人がレストランに入ってきました。店内は混雑していて、空いている席がありません。その人は店を出ず、その場の思いつきで、他の人が食事をしているテーブルへ行き、空いている席に座っていいか尋ねました。テーブルの人は本を読んでいました。本の著者は、偶然にも尋ねた人の同級生です。それをきっかけに会話が始まり、そして2年後、2人は結婚しました。

このセレンディピティが起こったのは、間違いなく、最初の人物が楽観的な性格で、人見知りせず、初対面の人にも気軽に話しかけられる性格だったからです。私たちの周りには、このようなチャンスが無数に転がっています。話しかける、質問をするという小さな決断をするだけで、それらのチャンスを大きな何かにつなげることができるのです。

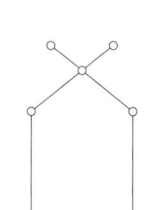

セレンディピティを生かす

セレンディピティを構成する要素は、主に2つあると考えられるかもしれません。1つは一見すると不可能な出来事で、そしてもう1つはその出来事に対する個人のポジティブな感情です。

古い友人にばったり会うのはセレンディピティ的な出来事です。特にそれが、仕事上の有意義な関係や、ロマンスにつながったりする、あるいはただ一緒に楽しく食事をするだけでも、申し分のないセレンディピティでしょう。

その一方で、昔の敵にばったり会い、その人が嫌いだった理由を再確認した場合はどうでしょう。実際のところ、セレンディピティ的な要素は少しもありません。なぜなら、ただの偶然ではなく「幸運」とみなされるには、ポジティブな感情が絶対に必要だからです。

ステファン・マクリは、ロンドン大学シティ校で情報相互作用を教える高名な講師です。彼はセレンディピティをさらに深く理解し、セレンディピティの受け取りかたが人によってどのように違うのかを知るために、いくつかの研究を行いました。

2014年に発表された研究で、マクリはクリエイティブな分野の専門家を対象に、自分の人生でセレンディピティ的な経験を増やすために、個人的にどんなことをしているか尋ねました。答えのほとんどは、何らかの形で変動性と関係がありました。職場でいつもと違う場所へ行き、いつもと違う人たちと一緒に働く、あるいはいつも同じことのくり返しでは停滞するという事実にただ気づき、物事をできるかぎり頻繁に変える、といったことです。

マクリは研究の結果を受けて、運とセレンディピティの関係について次のように語りました。「私が思うに、〝運〟という言葉の解釈は人によって違うようだ。セレンディピティと同じ意味で使う人もいれば、運とセレンディピティをはっきり分けている人もいる。後者の考えでは、運は完全に自分のコントロールの外にあり、運に影響を与えるために自分にできることは何もない。一方でセレンディピティは、コントロールはできないが、影響を与えることならできると考える」

セレンディピティや、他の運に関わる出来事の興味深い点の1つは、ずっと後にならないとその出来事の本当の利点が理解できないということです。ときには、幸運と不運を分けるものは時間の経過だけということもあります。

過去の幸運な出来事について考えると、それが人生のポジティブな変化につながった経緯が理解できるかもしれません。自分の人生をふり返り、そこに何らかの因果関係を見つけるのは、心が満たされる瞬間であり、あるいはどこか心がザワザワする瞬間でもある。一見すると些細な出来事、小さな出来事が、今の自分に多大な影響を与えているからです。やはりここでも、物事を解釈するときは、感謝と楽観主義が大切だということが証明されました!

あなたはいつもオフィスでお昼を食べますが、その日は外のデリでサンドウィッチを買うことにしたとしましょう。デリの列に並んでいると、高校時代の古い友人のメアリーとばったり会いました。お互いの近況を報告しているときに、今はグラフィックデザイナーをしているとあなたが言うと、メアリーは、デザイン業界の知り合いがいるから紹介すると言いました。あなたはお礼を言い、連絡先を交換し、そしてそれぞれの職場に戻りました。

これだけであれば、なんてことはない出来事です。メアリーと話せたことがその日のハイライトだったというなら話は別ですが、そうでないなら、ここにセレンディピティ的な要素は特にありません。

次に、メアリーとは高校時代、特に親しいわけではなかったとしましょう。そのためあなたは、わざわざ時間と労力を費やしてまで、彼女と旧交を温めようとは思いません。メアリーに連絡することはなく、その出来事はそこで終わりです。

しかしここで、あなたは新しいクライアントの獲得に苦労していて、人脈づくりのチャンスは絶対に逃したくないと思っていたとしましょう。あなたはメアリーに連絡し、同じ業界の知り合いを紹介してもらう。メアリーの紹介がきっかけとなり、あなたとその知り合いは、長年にわたって有益なビジネスパートナーになりました。

さらに、その日はデリに行かず、いつものようにオフィスでお昼を食べたとしましょう。その場合、メアリーにばったり会うことはなく、メアリーの知り合いを紹介してもらうことも、その人と長年にわたって実りある関係を築くこともない。

そう考えると、メアリーとの出会いが、人生でもっともセレンディピティ的な出来事の1つになります。そもそものきっかけは、いつもの習慣にとらわれず、たまにはお昼に外に出てみようと思ったことでした。それに加えて、メアリーとの出会いを無駄にせず、連絡を取ったことも大きな意味を持ちます。

しかし、「いつもと同じ」と「セレンディピティ」の間にある本当の違いは、偶然の出来事そのものではなく、その後でどれだけ努力するかということです。

偶然の出会いからそれ以上の価値を引き出せるかどうかは、すべてあなた次第です。オープンであること、前向きであること、行動的であること――こういった性質を備えた人は、チャ

ンスの存在に敏感で、自分にめぐってきた幸運をきちんと生かすことができるのです。

現実の世界では、セレンディピティ的な出来事とは、起こる確率の低い「いいこと」にすぎません。それはつまり、いいことが起こりそうな状況に身を置くだけで、セレンディピティを起こす確率を上げられるということです。

家でテレビを見ているときに、セレンディピティに遭遇することはめったにないでしょう。しかし、ただ外に出て散歩をするだけで、遭遇する確率をほんの少しでも上げることができます。いつもの仲間ではない人と一緒に社交の集まりに出かけるのなら、確率はさらに上昇するでしょう。

いつもとは違う人たちと、何か新しいことをする。それを頻繁に行うと、チャンスが途切れなく流れ込んでくるでしょう。そして後からふり返ると、そこにセレンディピティがあったと気づくのです。

とはいえ、いつもと同じ行動をくり返すことに、まったく意味がないわけではありません。ただやり方を変えればいいのです。人々はいつもと違うあなたに気づき、その結果、あなたに対する反応も変わるでしょう。

もちろん、不運の場合もそれと同じことが言えます。運の悪い出来事に遭遇するのも、安全な家の中でじっとしているときではなく、いつもと違う人と会い、いつもと違うことをしているときでしょう。とはいえ、その一方で、幸運な出来事も、一見すると不運な出来事がきっかけになった連鎖反応の結果だったということもよくあります。

つまり、大切なのは私たちの解釈だといってもいいでしょう。現実をどう解釈するか、特に運をどう解釈するかということが、私たちの最終的な運・不運を決めているのです。

偶然の一致

セレンディピティから最悪の災難まで、人生で起こる偶然の出来事をすべて網羅する呼び方を探しているなら、それは「偶然の一致」です。すべてのセレンディピティは、起こる確率が低いのにもかかわらず起こるという意味で偶然の一致ですが、残念ながらすべての偶然の一致がセレンディピティであるとはかぎりません。

しかし、「私は偶然を信じない」というコインには2つの面があります。1つの面は、すべての出来事は必然であり、どんなに偶然に見えてもその裏には何か意味があるとする考え方。それは宇宙からのメッセージかもしれないし、あるいは何か別の力からのメッセージかもしれませんが、いずれにせよ、私たちに何かの気づきを与えるために、その出来事は起こったというわけです。

そしてもう1つの面は、偶然を信じるのは、ただ単に統計的な確率を理解できないからだ、という考え方です。

1989年、数学者のパーシ・ダイアコニスとフレデリック・モステラーが、「偶然の一致を研究するためのメソッド（Methods for Studying Coincidences）」と題された論文を発表しました。当初2人は、広義の「偶然」はめったに起こらない出来事をすべて含むと考えていましたが、最終的に次のような定義に落ち着きました。

偶然の一致とは、出来事が意外な形で一致することであり、そこに明らかな因果関係は存在しないが、それでも意味のある関係のように見えるものである。

興味深いことに、統計的に見れば偶然の一致はそれほど珍しいことではありません。なぜなら、しょっちゅう起こっているからです。統計学者のデイヴィッド・ハンドは、著書の『「偶然」の統計学』（ハヤカワ・ノンフィクション文庫）の中で、「きわめて珍しい出来事はどこにでもある」と、ユーモアを込めて語っています。

それでは、なぜ「偶然の出来事」はそこまで奇妙で、常軌を逸しているように見えるのでしょうか？　なぜ私たちはそこまで衝撃を受け、すごい幸運だと大喜びしたり、ついていないにもほどがあると意気消沈したりするのでしょう？　その答えは、人間は確率の計算が苦手だということでだいたい説明できます。

人間の脳は、ある点でコンピューターとよく似ています。能力の許すかぎり効率的に情報を処理し、その過程で可能なかぎりたくさんのエネルギーを節約しようとする。しかし、脳の処理能力と、すべての因果関係の複雑さを考慮すると、日々の生活でいちいち客観的な確率の計算をするのは、非効率的であるのはもちろん、そもそも不可能であるかもしれません。

すでに見たように、人間の脳の主な仕事はパターンと意味を見つけることです。そして、その仕事をできるかぎり効率的に行うために進化してきました。そのため、すぐに因果関係を推測することはできますが、必ずしも正確ではないということです。

それに加えて、全世界の人口は、この本の執筆時点で75億人を超えています。それを考えれば、統計的に不可能な出来事が起こるチャンスはそこらじゅうに転がっているといえるでしょう。そこにインターネットと、関係ない2つのものを結びつけるSNSの力が加われば、状況はさらに興味深くなります。

前に登場した数学者のパーシ・ダイアコニスとフレデリック・モステラーは、「真の大数の法則」という説を提唱し、「サンプルが十分に大量に集まれば、どんなに突拍子もないことでも起こる」と述べています。たとえば、宝くじを1枚買っただけでは、1等が当たる確率はかぎりなくゼロに近いでしょう。しかし、宝くじを買った人全体で見れば、誰かの宝くじが当たる可能性は十分にあるのです。

当たった人は、自分はとてつもなく運がよかったと感じるでしょう。そしてその他の外れた人たちは、宝くじのことなどすぐに忘れてしまう。そもそも買った時点で、当たる確率はかなり低いということはわかっていたのですから。

そこから思い出すのは、確率の古典的な例です――タイプライターのある部屋に無限の数のサルを入れ、無限の時間待っていれば、そのうちの1匹がシェイクスピアの『ロミオとジュリエット』とまったく同じ作品をタイプするようになるのは、統計的に可能なのです。

偶然の一致とは起こる確率の低い事象だと考えれば、自分もときどきは偶然の一致を経験するのも当然だということがわかるでしょう。自分が知っているすべての人と、自分が行くすべての場所、さらに知っているすべての人たちが行くすべての場所を考えれば、どこかで彼らのうちの誰かにばったり会うのも不可能ではありません。

たとえば、誰かと同じ街に住んでいて、年齢も同じくらいで、共通の友人がいて、共通の趣味があり、同じような食習慣だとしたら、同じ時間に同じ場所にいるのも、そう珍しいことではないでしょう。

近所のスーパーに49回行き、そのうち一度も友人や知り合いに会わなかったとしても、私たちは特に気にしません。ところが、10年以上前に教わった学校の先生を見かけたりすると、脳は強烈なノスタルジーを覚え、その結果、偶然性がことさらに強調されるのです。

さらに、これまで見たような例は、すべて実際に起こった偶然ばかりです。後から知った〝ニアミス〟まで加えると、その数はさらに増えるでしょう。友達と話しているときに、同じ日に同じレストランでランチを取っていたことを知る。離れた席に座っていたので、ただお互いの存在に気づかなかったのです。そのような例も偶然の一致に数えるなら、ある時点で何らかの偶然の一致が起こる確率はさらに高くなります。

この考え方をさらに深く検証していくと、運の正体とは、私たちが外界の出来事や状況との関わりを正確に理解できず、間違って解釈した結果なのかもしれないということがはっきりしてきます。

情報が不十分なために、目の前の現実の裏にある因果関係を正確に計算することはできないかもしれませんが、それでも現実がそこにあると受け入れることならできます。そこに、ある特定の結果に対する自分のポジティブな感情を加えれば、何か超自然的な力が自分のために働いていると感じてしまうのも不思議ではないでしょう。

精神科医で、『偶然の一致とつながる（Connecting with Coincidence）』の著者であるバーナード・バイトマンは、性格的な特徴と、偶然の一致に対する考え方の間にある関係について研究を行いました。

バイトマンによると、自分は信心深い、スピリチュアルを信じる、あるいは人生の意義を求めていると考えている人は、人生で偶然の一致を経験する確率が高くなる傾向があるといいます。それと同じように、自己言及性の高い人（外側の出来事を自分に引きつけて解釈する傾向がある人）も、偶然の一致を経験する確率が高くなります。

偶然の一致とは、運と同じように、私たち人間が自分を慰めるために使う道具なのでしょう。悲しみ、怒り、不安などの感情を抱いたとき、まったくのランダムな出来事の中にも意味を見いだして、自分を納得させようとしているのです。

バイトマンは偶然の一致を3つのカテゴリーに分類しました。環境と環境の相互作用、精神と環境の相互作用、そして精神と精神の相互作用です。

環境と環境の相互作用から生まれる偶然の一致とは、現実の世界で実際に観察できる事象です。どこか外国の都市で高校時代に付き合っていた人と10年ぶりにばったり会い、ロマンスが再燃する――このような事象は、もっともわかりやすい偶然の一致でしょう。

精神と環境の相互作用から生まれる偶然の一致は、それよりも少しだけ客観性が下がります。なんとなく誰かや何かのことを考えているときに、突然、その誰かや何かに関係することが起こる。

たとえば、何カ月も会っていない友人のことをなんとなく思い出したら、その日のうちにその友人からテキストメッセージが届く、といったようなことです。こういった一種の霊感のような偶然の一致は、なかなかクールな現象かもしれませんが、何らかの因果関係を導き出すのはとても難しいでしょう。

最後のカテゴリーは、精神と精神の相互作用で生まれる偶然の一致です。これはあまり頻繁には起こらず、神秘的に見えるかもしれません。バイトマンは、「シミュルパシティ」という言葉をつくりました。これは、どこか遠くにいる人が感じている痛みや感情を自分も感じるという現象であり、もっとも多く報告される例は双子の間のシミュルパシティです。運とはもっとも関連の低い偶然の一致ではありますが、興味深い現象であることに間違いはありません。

偶然の一致に対する自分の考え方を変えるのは難しいかもしれません。あるいは、そもそも変えたいとも思わないという人もいるでしょう。偶然の一致を信じることに特に害はなく、それに自分はいい気分になれるからです。

しかし実際のところ、偶然の一致を正確に理解できても、偶然の一致によって生まれる感情が変わるわけではありません。古い友人に予想外の場所でばったり会うという事象は、統計的には十分に起こりうることですが、それを知っていても、驚きや、会えて嬉しいという感情を抱くことはできるのです。

それに加えて、統計的な確率という観点から考えることができれば、確率を自分の有利になるように操作することもできるのです（あなたがそれを望むなら）。つねに新しいことをして、さまざまな場所へ行き、つねに新しい人に会っていれば、確率の低い事象に遭遇するチャンスが増える。そしてもちろん、その結果、幸運に恵まれるチャンスも増えるでしょう。

それを念頭に置いたうえで、ここで「誕生日のパラドックス」について検証してみましょう。偶然の一致の裏にある数学が、より深く理解できるようになるはずです。

誕生日のパラドックスとは、ランダムに集められた23人のグループには、50パーセントの確率で同じ誕生日の人が2人いる、という現象をさしています。一見したところ、これは直感に反しているでしょう。1年は365日もあるのに、なぜ23人という小さなグループで、同じ誕生日の人がいる確率が半々まで上がるのでしょうか。これを直感的に理解できないのは、人間の脳は累乗の計算が苦手だからです。

23人のグループなら、誕生日が一致する組み合わせは253通りあります。詳しく見ていきましょう。最初の1人は、比べる相手が22人います。そして2人目は、比べる相手が21人です。それが最後の1人までずっと続きます。そして22から1までの数をすべて足すと、253

になるのです。

それでは、グループの中の２人が違う誕生日になる確率はどうでしょう？　答えは３６５分の３６４です。そう考えると、同じ誕生日の確率が半々になるなんて、どうしてもおかしいと感じてしまう。しかし、３６５分の３６４という分数を２５３乗すると、答えは０・４９９５になります。つまり、約50パーセントということです。

計算を具体的に見ていきましょう。２人が同じ誕生日になる２５３通りの組み合わせのそれぞれで、３６５分の３６４という分数に、同じ分数をかけていきます。すると３６５分の３６４の値（23人の中の２人が違う誕生日になる確率）がほんの少しずつ小さくなり、23人の中に同じ誕生日の人が２人いる確率が上がっていくのです。

たいていの人は、この計算を頭の中ですることができません。人生で起こる偶然の一致やセレンディピティのほとんどで、統計的な確率を計算できないのと同じことです。しかし、計算できるかどうかに関係なく、数学的な事実は変わりません。一見するとランダムな出来事も、その裏では数学が支配しているのです。そしてもちろん、偶然のほとんどを「運」と解釈したほうが簡単なのは言うまでもありません。

第5章のまとめ

☆偶然の一致とセレンディピティは幸運に関連があります。私たちの誰もが、自分にとって有利なことが特に理由もなく起これば嬉しく思うでしょう。ポジティブな偶然のチャンスを自分でつくることはできませんが、チャンスに気づき、チャンスを生かす確率を高めてくれる「セレンディピティ・マインドセット」なら身につけることができます。

☆セレンディピティという言葉の解釈は人によってさまざまですが、一般的に、不可能としか思えないようなことが起こり、その出来事に対してポジティブな感情を抱くことが、セレンディピティと呼ばれることが多いようです。日々の生活の中にトリガーを見つけること、無関係な分野のものをつなげること、そしてそのつながりの中に価値を見つけることが、セレンディピティ・マインドセットを育てるカギになります。

☆予期せぬ出来事をうまく活用できる人の条件は、楽観的であること、偏見や思い込みを持たないこと、あいまいな状況でも不安を持たないこと、外向的であること、聞き上手であること、失敗を恐れないこと、予想外の結果を楽しめることなどがあげられます。受け身的にならず、自分から行動し、そして自然に発生してくるものに興味を持ちましょう。

☆いつもの出来事と、セレンディピティの間にある本当の違いは、その出来事を生かすためにどれだけの労力をかけるかということ、そしてその出来事に自分がどんな意味を与えるかということです。

☆統計学者のデイヴィッド・ハンドは、たしかに偶然の出来事には驚かされるが、「きわめて珍しい出来事はどこにでもある」と言いました。私たちが偶然に驚くのは、人間の脳が確率を理解するのが苦手だからです。

☆運とは、外側の出来事と自分との相互作用を描写するときに、私たちが使う言葉です。宗教を信じているような人は、偶然の一致を経験することが多く、その解釈も独特です。それと同じように、自己言及性の高い人、つまり外側の出来事を自分に引きつけて解釈する人も、偶然の一致を経験することが多くなります。

第6章

「運のいい人」の性格

自分に聞いてみな。「俺は運がいいか?」ってね。さあ、どうだ? このチンピラが。

これは、1971年の映画『ダーティハリー』の中で、クリント・イーストウッド演じるハリー・キャラハン刑事が犯人に向かって言う有名なセリフです。

しかし、この「俺は運がいいか?」という疑問は、有史以来、人類を悩ませてきた謎であるともいえるでしょう。そもそも、運がいいとはどういうことなのか? すでに見たように、運とは所詮、自分の感じ方にすぎないということなのか?

ここでもまた、イギリス人教授のリチャード・ワイズマンの研究を参考にしてみましょう。ワイズマンは10年の歳月をかけて数百人から話を聞きました。ワイズマンが知りたかったのは、運がそれぞれの人生でどんな役割を果たしているかということです。彼らの話からはさまざまなパターンが見えてきました。

ワイズマンは、著書の『運のいい人の法則』の中で研究の結果について詳細に述べています。実験の参加者たちは、本人はまったく自覚していないものの、彼らの幸運や不運と直接的に関係のある行動パターンをくり返していたというのです。

ワイズマンの研究については、本書でもすでに見てきました。この章では、運と特に関係のある資質や性格について、さらに詳しく見ていきたいと思います。くり返しになりますが、これはなにも、XやYをすれば必ずブラックジャックで勝てるとか、運命の人に出会える、ということではありません。ただ、幸運につながる隠れたステップを明らかにしていこうとしているだけです。

ワイズマンは、「運」の働きを実際に観察するために、多くの対照実験を行いました。ある1つの実験で、参加者はただ道を歩いて指定したカフェに行き、コーヒーを注文するように言われます。そのときワイズマンは、参加者には内緒で通り道にお金を落としておきました。そしてカフェの店内には、豊富な人脈を持つビジネスマンがいます。

自分は運がいいと思っている若い男性の参加者は、落ちているお金を見つけてポケットに入れました。そしてコーヒーを待っている間、そのビジネスマンと気軽に会話を始めました。一方で、自分は運が悪いと思っている女性の参加者は、落ちているお金に気づかず、カフェでは誰とも話しませんでした。

ここまで読んだ人なら、2人の幸運と不運を分けた行動や態度を指摘することができるでしょう。ほぼ同じ環境で、同じ刺激が用意されていても、参加者によってだいぶ違う結果になったのです。

ここまで大きな違いが出たという事実からわかるのは、幸運につながる性格と、そうでない性格があるということです。ある種の性格の人は、チャンスを最大化するシナリオを想像し、その結果として運を向上させることができる。

もちろん、自分の態度だけで、道に何が落ちていて、カフェに誰がいるといった事実を変えることはできません。しかし、そういった環境を最大限に生かし、活用することならできるのです。

実験の参加者たちは、みな同じチャンスを与えられました。しかし、それぞれの行動を決めたのは、本人のマインドセットです。あの運の悪い女性も、ほんの少しだけ視野を広げていれば、落ちているお金を見つけてコーヒー代にできたかもしれません。

しかし彼女は、「自分は運が悪い」と思っていたために、予想外のボーナスを期待せず、探しもせず、そして完全に見逃してしまったのです。同じように、カフェで知らない人と話をしようという気持ちがないために、価値のある人脈につながったかもしれないチャンスを逃してしまいました。

ワイズマンによると、この2人のもっとも大きな違いは、「運のいい」男性は偶然のチャンスに対してオープンな態度なので、身の周りにある予想外のものに気づきやすいということです。環境だけを見れば、彼も、自称「運の悪い」女性も、条件は同じでした。彼のほうが特別に運に恵まれているというわけではないのです。

「運のいい性格」には、この「オープンな態度」も含めて4つの要素があります。それぞれについて見ていきましょう。

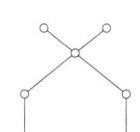

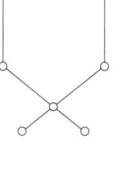

新しい経験に対してオープンである

運のいい人は、新しい可能性に対してオープンです。「オープンな性格」を定義するのは難しいのですが、人生全般に対してリラックスした態度で、すべてはうまくいくと楽観的に考えている人と描写できるかもしれません。ワイズマンによると、オープンな性格の人は、自分は運が悪いと思っている人よりも不安のレベルが低く、そのため、人生でいいことを期待するだけでなく、積極的にいいことを探しにいくという特徴があるようです。

ここで、あなたを不安にするものについて考えてみてください。根本的に、不安はコントロールの問題です。自分にはコントロールできない、あるいはコントロールを取り戻すためにかなり努力しなければならないと感じると、人は不安になる。そして不安を抱えている人は、視野が狭くなります。

そこからわかるのは、楽観的でオープンな態度を保つには、周囲の環境に注意を向けるのが大切だということ。あの「運の悪い」女性は、道に落ちていたお金に気づきませんでした。もしかしたらそのときの彼女は、何か気に病むことがあって外に注意が向かず、目の前の幸運が見えない状態になっていたのかもしれません。

ワイズマンによると、運の悪い人は同じことをくり返す傾向があるといいます。そして、それらはプロセスよりも結果にこだわる行動なので、旅の途中でよく現れる興味深いチャンスを見逃してしまうのです！

運の悪い人は、ある特定のタスクを完成させることだけに集中し、そしてその結果、それ以外のチャンスは見えなくなっている。昔から言われているように、「いつも同じことをくり返しているなら、いつもと同じ結果しか手に入らない」ということです。

「これが起こらなければならない」という思い込みが強すぎて、起こる可能性のあることや、今この瞬間に起こっているもっといいことに気づいていない。自分の快適空間の中にとどまっているなら、新しい経験をする可能性はほぼないでしょう。それに、仮に新しい経験がやってきたとしても、おそらく見逃してしまいます。

ここで大切なのは、特定の結果にこだわらず、予想外の可能性に対してオープンでいること。あなたにその気があれば、どんなものでも何かになる可能性を秘めています。

直感を信じる

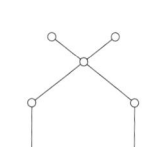

運に影響を与える要素の2つめは、自分の直感に耳を傾けることです。運のいい人は、たとえリスクを取ってでも自分の直感に従おうとします。そして、彼らが自分の直感の声を聞けるのは、柔軟でオープンな精神の持ち主であり、今この瞬間に起こっていることに対してリラックスした態度で臨めるからです。

とはいえ、ここで肝心なのは、第六感や感覚ではありません。むしろ、行動を起こそうという意志のほうがより大切でしょう。運の悪い人は、安全が確認されるまで行動を起こさないことが多い。準備や下調べばかりして、具体的な行動は何もできずにいる。いわゆる「分析麻痺（まひ）」という状態です。分析麻痺は不安から生まれます。

この状態になった人は、決断力を失い、すぐに行動を起こすことができません。状況の分析ばかりして、しばしばその過程で絶好のチャンスを逃してしまうのです。そしてたいていの場合、分析がすっかり終わるころ、チャンスの扉も閉じてしまっていて、ただ不安だけが残っている。

ワイズマンは次のような仮説を立てました――人間の脳にとって直感とは、肉体と脳は感知しているが、顕在意識がまだ認識していない何らかのパターンなのではないか？　これまでの人生で経験したすべてのことが脳の回路に保存され、そして脳は、すでに知っている刺激を感知すると、本人が意識するよりも早く反応する。

何かを決めるときは、メリットとデメリットを長々と書き出すよりも、自分の直感に従ったほうがいい結果になることがよくあります。

運のいい人は、何か強い直感が働いたら、時間をかけてその直感について考えたほうがいいということを知っています。彼らはそれまでの経験から、自分を信じなければならないということ、そして失敗を恐れるあまり挑戦から逃げてはいけないということを学んでいるのです。

つまり簡単にまとめると、第六感や直感と呼ばれるものは、私たちが考えるよりはるかに賢く、そして直感の声を聞けば運のいい状況を引き寄せられるということです。

ぴったりの実例を紹介しましょう。アップル共同創業者のスティーブ・ジョブズは、カリグラフィーの教室に通っていたことがあります。カリグラフィーとは、装飾的な美しい文字を書く技術のことです。

ジョブズは大学を中退すると、その場の思いつきでカリグラフィーの教室に通うことにしました。そこで文字の装飾のし方や、美しく見せるための字間の空け方などを学んだのですが、その知識がすぐに役に立つことはありませんでした。

そして10年後、ジョブズは初代マッキントッシュのデザインに着手します。マックに搭載されたフォントが美しく、字間の空き具合も完璧だったのは、ジョブズがカリグラフィーを学んでいたおかげでした。コンピューターのフォントにまでこだわるというのは、当時としては画期的な発想でしたが、その後は業界のスタンダードになりました。

ジョブズはこう語っています。「もちろん、大学生のころにそこまで先のことを考えていたわけではない。しかし、10年後にふり返れば、点と点のつながりがはっきりと見える。だから、今の点がいずれ何かにつながると信じることが大切だ。とにかく何かを信じること――それは直感でもいいし、運命でも、人生でも、カルマでも、何でもいい。私はこの生き方で一度も後悔したことがない。それどころか、人生の転機はつねにここから生まれてきた」

不安を抱え、物事をコントロールすることに固執したマインドセットの人であれば、カリグラフィー教室に通うなんてくだらないと一蹴しているでしょう。それに、今すぐに答えが欲しいと焦っているので、10年も待っていられなかったはずです。

ジョブズは自分の直感に従い、美しさを構成する要素を学んだ。そして、それが後に、アップルのブランドイメージとなりました。美しさと機能性を兼ね備えた製品で、アップルはビジネス界で不滅の地位を手に入れたのです。

カリグラフィー教室というジョブズのギャンブルは、すぐに結果が出なかったかもしれません。それに、何が目的なのか、本人もよくわかっていなかったかもしれない。しかし、カリグラフィーの知識は後でキャリアに役立ちそうだという直感は、見事に当たっていたのです。

ポジティブな期待

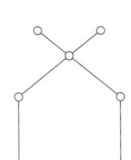

運のいい人は、自分の未来はいいことがたくさん起こると確信しています。このように、人生をバラ色のメガネで見る態度は、ただの世間知らずでもなければ、現実が見えていないわけでもありません。

ワイズマンによると、運のいい人は概して楽観的で、最善の結果を期待しますが、むしろこの態度のおかげで、逆境から立ち直るレジリエンスや、辛抱強くやり抜く力が身につくといいます。言い換えると、物事はいずれうまくいくと信じている人は、つらい時期もがんばれるということです。

やり抜く力はレジリエンスにつながり、そしてレジリエンスのある人は、物事が好転するま

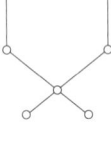

で辛抱強く待つことができます。楽観的な人は、何が起こっても、物事のいい面を見ようとします。

そしてその結果、不安が減り、不運の中にも隠れたチャンスを見つけられる。何が起こっても自分は大丈夫だという自信があり、そのおかげで人生全般に対してリラックスできる。なぜなら、あらゆる些細なことが生きるか死ぬかの問題になるわけではないとわかっているからです。

物事が期待通りにならなくても、彼らはあきらめません。宇宙が自分のじゃまをしているとも考えません。なぜなら運のいい人は、「1つのドアが閉じたら、別のドアが開く」と信じているからです。

そして最後に、運のいい人には、困っているときに周りに助けを求めることができるという特徴があります。このような態度には、本人の不安のレベルを下げるだけでなく、助けを求められた周りの人が、自分の人生経験や専門知識を生かす新しいチャンスを手に入れるという効果もあります。

また、すでに見たように、喜びや悲しみを分かち合うと、他者との間に貴重なつながりをつくることもできます。そしてこれらの関係こそが、あなたに幸運を運んでくるチャンネルになってくれるのです。たいていの人は、きっかけさえあれば誰かを助けたいと思っています。

人助けというポジティブな交流は、関係するすべての人にとって利益になり、運を引き寄せる力にもなります。

だからといって、運のいい人は挫折を経験しないというわけではありません。ただ、運のいい人と悪い人では、同じ結果に対する態度が大きく違うということです。そこで思い出すのが、映画『キャスト・アウェイ』に登場するチャック・ノーランドです。

トム・ハンクス演じる主人公のチャック・ノーランドは、運送会社のFedExでシステムエンジニアとして成功していました。世界中を飛び回り、各国の物流センターで生産性の問題を解決していました。しかしある日、彼の乗った飛行機が太平洋に墜落しました。たったひとり生き残ったチャックは、救助されるまでの4年間、絶海の孤島で生きていくことになったのです。

たしかに絶望的な状況ですが、チャックの態度はずっと前向きでした。つねに最悪の事態に備え、強いレジリエンスを発揮し、自分はきっと大丈夫だという希望を失いませんでした。

銛（もり）で魚を捕まえる方法を覚えたり、浜に流れ着いたFedExのコンテナを便利に活用したりして、何とか生き延びようとします。さらには、バレーボールに「ウィルソン」という名前をつけて友達になり、人間らしい交流を保つようにしていました。絶望的な状況でも、ウィルソンを相手に生き残るためのアイデアや計画を話し合っていたのです。

ここには、希望、楽観主義、そして幸せになることを選択する態度があります。どれも運を運んでくれる要素です。多くの古今東西の哲学者が、人間にとっていちばん大切な資質は「希望」だと言っているのもうなずけるでしょう。

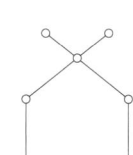

不運を幸運に変える

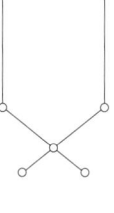

ここでチャックがやっていたのが、前にも登場した「反事実的思考」です。心理学者によると、反事実的思考とは、起こっていたかもしれないことよりも、実際に起こったことのほうがずっとよかった（または悪かった）と考える思考法です。ここでもまた、事実そのものよりも、解釈や受け取り方のほうが大切だということが証明されました。

言い換えると、**運のいい人は、いつも物事のいい面を見ている**ということです。たとえばチャックは、自分は飛行機事故で死んでもおかしくなかった、サメに食われてもおかしくなかった、生きていただけでも運がよかったと考えます。たとえその結果、絶海の孤島にひとり残されることになったとしても。

つまり、チャックの態度からわかるのは、不運を幸運に変えるカギの1つは、逆境と正面から向き合い、状況をコントロールする能力だということです。何が起こっても自分は大丈夫だと信じること。あるいは、経験したことのない状況になっても、誰かがきっと助けてくれると信じること。そして逆境の中にあっても、見えないチャンスを積極的に探し続けること。

ワイズマン教授はこんな例をあげて説明します。運の悪い人は、「また交通事故を起こしてしまったなんて信じられない」と言い、運のいい人は「また交通事故を起こしてしまったけれど、ありがたいことに死なずにすんだ」と言います。

ここでのポイントは、どちらの思考も、無意識のうちに自動で行われているということ。運の悪い人は、他の考え方もあるということに絶対に気づかないのです。運のいい人の思考法は、前に進む力、状況に適応する力を与えてくれます。

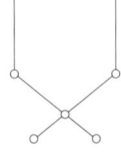

自分の運は自分でつくる

ワイズマンが提唱する「運の４つの要素」を詳しく検証してみると、マインドセットがカギになるということがはっきりわかります。

自分は運がいいと思うか、それとも運が悪いと思うかは、人生の出来事をどう解釈するかで決まります。楽観主義、粘り強さ、レジリエンスという3つの資質が、運がいいかどうかを決める決定的な要素になるようです。

それに加えて、全般的にリラックスした精神で、人生に対してオープンな態度を持っていることも大切です。ワイズマン教授の言葉を借りるなら、「運のいい人は、人生のチャンスを自分で創造し、チャンスに気づき、そしてチャンスをつかんで行動する」ということです。

「創造する・気づく・行動する」。この3つが、運のいい人に共通するもっとも大きな特徴です。

新しい人と出会えるシナリオを自分で創造する。人脈づくりのような行動は苦手だという人は、パーティなどで外向的な人を観察し、彼らから学ぶといいでしょう。そして興味のある話題になったら、そのチャンスを逃さずに会話に参加するのです。

チャンスは身の周りのいたるところにあります。あなたはただ、その存在に気づけばいいだけです。ある目標だけに固執して視野が狭くなっていたり、ストレスまみれになっていたりすると、チャンスに気づくこともできません。リラックスする方法を身につけ、周りに注意を向けられるようになりましょう。

脳はいつも大忙しですが、それでも新しいことを経験するために脳の余白をつくることは大切です。そして、直感が強い信号を送ってきたら、すぐに行動する。周囲に注意を向け、ただしあまり集中しすぎないこと。考えすぎてはいけません。自分の無意識を信頼しましょう。無意識はパターンを感知し、効果的で有益な意思決定をするようにあなたを促してくれます。

ワイズマン教授は、偶然と運の違いについて、最後にこう述べています。偶然の出来事とは、宝くじに当たるようなことをさしています。宝くじを買うという意思決定なら自分でできますが、それ以外に自分でコントロールできることはまったくありません。自分はいつも運がいいと主張する人は、おそらく自分で運がよくなるようなことを何かやっていると、ワイズマンは信じています。

私たちは、人生の出来事に対して、自分で考えるよりもはるかに大きな影響力を持っています。あなたはもしかしたら、人生の出来事の50パーセントは偶然の結果だと思っているかもしれません。しかし、それは違います。純粋に偶然の結果といえるものは、おそらく10パーセントほどでしょう。

残りの40パーセントは、自分ではコントロールできないと思っているだけで、実際は自分の解釈のしかたでどうとでもとらえることができます。決め手となるのは、これまで見てきたような4つの要素です。今より40パーセント運がよくなった自分の人生を想像してみてください。

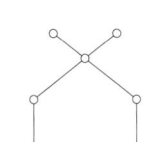

運の4つの要素を強化する方法

ここから先は、運をよくするための具体的なステップを見ていきましょう。しかしその前に、ワイズマンの4つの要素を自分の性格に取り込む方法について考えてみます。

これまでに出てきた運のいい人の特徴を読み、「自分はまるで正反対のタイプだ！」と思った人も、心配はいりません。無理せずにマインドセットを変えるために、できることはたくさんあります。

最初に行うのは、自分は運の悪い人のマインドセットを持っているとあきらめないこと！むしろ「今これを学ぶことができて自分は運がいい」と考え、それによって自分のものの見方が変わっていくのを感じ取りましょう。「変化するチャンスが手に入ったのはとてもラッキーだ」と考えるのです。

これまで経験した不運な出来事のことばかり考え、それを自分のアイデンティティの一部にしてはいけません。この傾向は、たいていの場合、変化や未知のものを恐れる気持ちから生まれます。

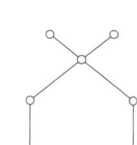

瞑想でオープンな精神を育てる

幸運は準備ができている人のもとを訪れます。しかしそれだけでなく、幸運はリラックスして柔軟な精神を持っている人も好きです。仏教では、この状態を「智慧（ちえ）」、あるいは「ビギナーズ・マインド」と呼んでいます。これは、「心がどんなことでも受け入れられるように待機している状態」をさしています。

そして、このようなリラックスしてオープンな精神状態になりたいなら、瞑想を超える方法はありません。瞑想が嫌いな人でも、あるいは瞑想で運がよくなる理屈がまったくわからないという人でも、オープンで柔軟な精神を育てるための第一歩として、とにかく瞑想を始めてみましょう。これもまた、新しいことへの挑戦です。結果を最初から決めつけてはいけません。

瞑想用の座布団も、お香も必要ありません。ただ、じゃまの入らない静かな場所で、目を閉じて座るか、横になれば、それで立派な瞑想です。今この瞬間に意識を集中し、五感を研ぎ澄ませる。目に見えるもの、音、匂いなどを感じ取りましょう。

ここでのキーワードは「**気づく**」です。五感が受けた刺激について、何らかの解釈を加えたり、好き嫌いの判断をしたりする必要はありません。ただ気づくだけです。そして、何か1つの気づきに固執してはいけません。具体的に何かをし、よ、う、とする必要もありません。ただ座り、存在するだけです。

このようなエクササイズには、あなたの知覚を広げる効果があります。それにリラックスできることは言うまでもありません！　もちろん、ただ黙って座って何も考えないだけで、運がよくなるわけではありません。とはいえ、瞑想によって精神がリラックスすると、世界を新しい視点から眺め、創造的な発想ができるようになるのです。

瞑想によって「ただ気づく」という技術を磨けば、気づいたものを批判したり、避けたり、それに物語を当てはめたりすることなく、ただありのままに知覚できるようになります。その結果、創造性が高まり、問題解決のスキルも向上するのです。

精神がリラックスしていると、新しいことに対して「イエス」と言いやすくなる。そして直感に従い、思い込みにとらわれない思考ができるようになるのです。

何ものにもとらわれない純粋な知覚を手に入れると、新しい経験に対するオープンな態度も育てることができます。その方法は……、もちろん、新しい経験をすることです。

まずは、あれこれ考えすぎずに、何かをやってみることから始めましょう。スティーブ・ジョブズがとりあえずカリグラフィーの教室に通ってみたように、あなたも何か新しい趣味を始めてみる。まったく興味がなかったことでもかまいません。なぜそれをやるのか、本当にそれをやる必要があるのかなどと、いちいち考える必要はありません。ただ流れに身をまかせるのです。

自信が直感力を育てる

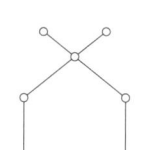

たいていの人は、すでに優れた直感力を備えています。ここでの問題は、たとえ直感が語りかけてきてくれても、その言葉が信じられないことです。何かが頭の中に現れて、「何か言いなさい」、あるいは「これについて調べなさい」と言ってくれているのに、その言葉を無視してしまいます。

それは恐怖のせいだと思うかもしれませんが、多くの人は、ただ単に自分の直感を信じていないのです。その代わりに他人の意見を信じたり、あるいは自分を信じるにしても、ただの直感ではなく、その問題について徹底的に調べた結果の意見でなければならないと思い込んだりしてしまう。

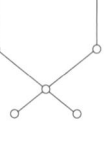

たしかに慎重になるのはいいことです。しかし、あまりに慎重すぎると、自由で自然発生的な反応が失われてしまうのです。リラックスした態度ではないし、オープンでもない。つまり言い換えると、幸運に恵まれないということです。

自分の直感を信じられるようになりたいなら、いい方法が1つあります。それは、まず自分自身を信じること。自信があれば、自分のアイデアや意見の価値を認めることができます。そしてその結果、自分の限界、欲求、感情を知り、尊重できるようになります。

何かが間違っている、このままではいけないと感じたら、その感情を信じ、直感の声に耳を傾ける。その一方で、自分に自信がなければ、おそらくこんなふうに言うでしょう。「自分はおかしい。そんなふうに感じる理由なんて1つもないのだから」。そして、自分の直感を無視してしまうのです。

もちろん、直感がいつでも正しいわけではありません。勝手な思い込みからすぐに結論を出し、後から考えると間違っていたというのはよくあることです。しかし、それでもかまいません。ここで私たちが目指しているのは、運がいい人のマインドセットを育てることです。

私たちの直感がたまには正しく、そのおかげで運がよくなるなら、何の問題もありません。ここでいちばん大切なのは、精神をリラックスさせ、流れに身をまかせたときに、私たちの中で変化が起こることです。

自分の知覚や判断を信じられるようになる方法はたくさんあります。それぞれ具体的に見ていきましょう。

- 直感には反するかもしれませんが、「自信満々のもうひとりの自分」をつくるという方法があります。可能なかぎり最高の自分になり、その自分の目を通して世界を見る。たとえば、仕事でいきなり新しいプロジェクトをまかされたとしましょう。こんなとき、自信満々のもうひとりの自分ならどうするでしょう?

- 感情への感度を上げる。可能なかぎり頻繁に、「自分は今どう感じているか?」と自問するようにします。自分の感情を言葉で描写し、身体で感じ、自分の行動がその感情にどんな影響を与えているか考えます。ここでも瞑想と同じように、感情を批判したり、解釈したりはしません。何かを修正したり、変えたりする必要もありません。ただ自分の感情をありのままに受け入れましょう。自分の感情に敏感になるほど、自分の欲しいものが明確になり、その結果、自分の直感をより信頼できるようになります。

- もし自分に自信が持てないという問題を抱えているなら、他人の意見をそのまま信じないというところから始めてみましょう。自分の意見が、他人の意見にかき消されてはいけません。これは、社会の慣習や文化にも当てはまります。他人がどう言うかではなく、自分はどう感じるかを優先する習慣を身につけましょう。他人の意見もたしかに大切ですが、他人の批判や解釈、問題意識に、自分の直感が引きずられてはいけません。アドバイスはありがたいものですが、いつもありがたいわけではありません！

・そして最後に、たまにはひとりになれる時間をつくりましょう。ひとりで自分を見つめれば、自分をさらによく知ることができます。日記を活用して、今の自分をつくっているすべての要素について考えてみてもいいかもしれません。自分をより深く理解するほど、自分の判断力を信用できるようになります。そうすれば、次に直感が語りかけてきたときに、たとえそれが小さなささやき声だったとしても、自信を持って直感に従うことができるでしょう。

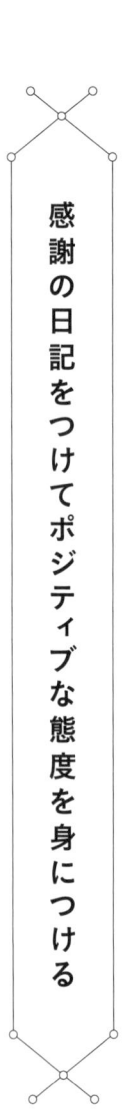

感謝の日記をつけてポジティブな態度を身につける

ワイズマンが行った研究の中に、自称運の悪い人たちを対象に「運の日記」をつけてもらうというものがあります。ワイズマンの言葉を引用しましょう。

参加者には毎日、一日の終わりに、その日のいちばんポジティブな出来事や、いちばんポジティブな思考について書いてもらった。あるいは、過去によく起こったが、今は起こらなくなったネガティブな出来事や、最低でも何らかの感謝の気持ちが持てることについて書いてもらったこともある。

どんな結果になったか、おそらく想像できるでしょう。実験が始まると、すぐに参加者たちの考え方に変化が現れ、運のいい人に特有の楽観的で前向きな態度が見られるようになったのです。

参加者たちは、以前よりもチャンスやいいことがたくさん見つかるようになったと報告しています。彼らの人生は、前とまったく同じです。変わったのは、彼らが日記をつけるようになったことだけです。

物事のいい面を見ようとする態度は、訓練で身につけることができます。同じ失敗をくり返さないのは大切ですが、たとえ失敗しても、それで自分を責めすぎてはいけません。自己成就的予言の力を思い出し、感謝の心でネガティブ思考に打ち勝って、つねにポジティブな面を探すように自分の脳を訓練する。

「うまくいっていないもの」、「間違っているもの」、「自分にはコントロールできないもの」ではなく、「うまくいっているもの」、「自分は恵まれていると思えるもの」、「自分に変えられるもの」に意識を向ける。そうすれば、どんなに最低でも、自分は今のままでかなり運がよかったと気づけるでしょう。ただ自分の幸運に気づいていなかっただけなのです！

このように、感謝の日記にはたくさんの前向きな効果があります（そして、それに気づいたのはワイズマンだけではありません）。それに加えて、気分が上向きになる、精神がリラックスし、柔軟になるという効果もあります。つまり、感謝の日記をつけるといい気分になる、ということです。そしてすでに見たように、人はいい気分になると、そのいい気分が周りの世界からも返ってくるように感じるものです。

感謝の日記、あるいは運の日記には、たくさんの書き方があります。あまり深く考えずに、自分にとっていちばん自然な方法で続けてください。たとえば、その日の楽しかったことや、感謝できることを5つリストにしてもいいでしょう。どんなに小さなことでもかまいません。嬉しかったことを詳しく描写する、あるいは自分はすでに恵まれていると思えることをすべて書く、という方法もあります。

何か不満がある、不当に扱われていると感じるなら、そこで立ち止まり、自分の感情をよく観察してみましょう。そして、今より少しでもポジティブな気持ちになる方法、あるいは最低でも柔軟に考えられる方法はないか考えます。

ワイズマンの研究でも見たように、あなたが手にできるのは、ネガティブな物事も以前に思っていたほど悪くないという、心境の変化だけかもしれません。大切なのはユーモアです。もし片足の骨を折ってしまったのなら、両足ではなくてラッキーだったと笑い飛ばしましょう。

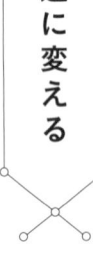

成長マインドセットを身につけて不運を幸運に変える

「成長マインドセット」とは、「本物の学びに強く結びつくような態度」という意味です。この言葉を最初につくった心理学者のキャロル・ドゥエックによると、人は成長と学びは可能だと信じると、ものの見方が完全に変わるといいます。困難、障害、失敗があってもあきらめず、むしろ「この経験があったからこそ学べた」というように、物事のいい面を見ようとします。

この態度を、凝り固まったマインドセットと比べてみましょう。後者の場合、知能（あるいは、本書の場合では「運」）といった個人の性質はすでに固定されていて、変わらないと信じています。向上させる方法が何もないのなら、なぜわざわざがんばるのでしょう？　実際のところ、凝り固まったマインドセットであれば、困難も障害も失敗も避けることができます——ただし、それらにともなう成長も逃してしまいますが。凝り固まったマインドセットの人は、失敗を個人的に受け取り、エゴが傷ついてしまうのです。

もうおわかりのように、セレンディピティ（または運のいい人のマインドセット）、コントロール権は自分の中にあるという考え方、そして成長マインドセットは、すべてつながっています。その一方で、運の悪い人にも共通の態度がある。それは、コントロール権は自分の外にあると信じること、そして凝り固まったマインドセット（または運の悪い人のマインドセット）を持っているということです。

ここで大切なのは、成長マインドセットを持っている人も、凝り固まったマインドセットの人も、経験する失敗や成功のレベルは同じだということ。両者の違いは、純粋にそれらの経験をどう解釈するかということだけです。不運を幸運ととらえるような態度を身につけたいなら、成長マインドセットこそ、まさにあなたが必要としているものです。

ある人に成長マインドセットがあるかどうかは、失敗に対する態度を見ればもっともよくわかります。たいていの人にとって、失敗は不運と結びついているでしょう。ここで反事実的思考を活用すれば、ネガティブな見方をポジティブな見方に反転させることができるかもしれませんが、不運な出来事のまっただ中にあるときは、物事を別の角度から見るのは難しいものです。

そんなときは、「すべての不運をまるで贈り物であるかのように受け取る」というテクニックを試してみてください。成長マインドセットがあれば、失敗や困難は最高の先生になってくれます。それに加えて、今日は不運な出来事でも、それが明日の幸運につながっていると考えることもできます。

これは単なるポジティブ・シンキングのエクササイズではありません。出来事や状況に対する解釈を根本から変え、その中に隠れた価値を見つけようという試みなのです。そもそも、運のいい人はこれを自然に行っています。彼らには不屈の精神があり、どんなときでも「何かとてもいいものがすぐそこで自分を待っている」と考えているのです。

不運な出来事の中に、何をどうがんばってもポジティブなものが見つけられないとしても、だからといって「ない」と決めつけてはいけません。ただ自分にはまだ見えていないだけだ、あるいは今まさにいいことが始まろうとしているところだと考えましょう。

それにしばしば、実際にその通りになるのです。つらかった時期をふり返り、あのつらい経験こそが実は最高の出来事だったと言う人を、あなたもたくさん見たことがあるはずです。

不運な出来事は、本当に必要なものなのかもしれない。いつか必ず役に立ってくれるのかもしれないし、あなたに何かを教えてくれているのかもしれない。あるいは、何かもっといいもののために、土台を固めてくれているのかもしれない。

ときには、ただ使う言葉を変えるだけで、状況や出来事の解釈を別の角度から眺めることができます。たとえば、何かを「問題」と呼ぶのではなく、代わりに「挑戦」と呼んでみる。あるいは、単純に「おもしろそうなこと」でもいいでしょう！

問題を笑い飛ばし、「いろいろあるから人生はおもしろい」と言ってもいいかもしれません。自分が文句を言っていることに気づいたら、「私は○○ができて幸運だ」という言葉を付け加えるのを習慣にしてみましょう。くだらないと感じるかもしれませんが、実際にエネルギーのレベルとものの見方がすぐに変わるはずです。

「遅刻しそうだ。しかもバスが渋滞にはまってしまった。本当にうんざりする……」という言葉が出てきたら、「遅刻して渋滞にはまるなんて、私は運がいい」という言葉を付け加える。

それだけで視界がパッと明るくなるのを感じるでしょう。

それに、実際に幸運かもしれません。せっかく渋滞で時間ができたのだから、本を読んでもいいし、一眠りしてもいいし、あるいは近くにいるおもしろそうな人とおしゃべりをしてもいいのです。

第6章のまとめ

☆ワイズマンの著作『運のいい人の法則』で紹介された研究結果からわかるのは、運のいい人に共通するマインドセットには4つの要素があるということです。それらの態度や性質自体が運を向上させるわけではありませんが、それらが土台となり、実際に幸運に恵まれたときに、その運をより生かせるようになるのです。

☆運のいい人に共通する4つの要素の1つめは、新しい経験に対してオープンであること。つまり、身の周りで出現する偶然のチャンスを見逃さない態度です。この要素を育てたいなら、偏見や思い込みを捨て、柔軟に思考し、身の周りの出来事に対して敏感になりましょう。そのためには瞑想が有効です。

☆第2の要素は、自分の直感に従うこと。自分に自信がない人、自分の意見を疑う人、分析しすぎて行動できない人は、直感の声が聞こえなくなってしまいます。この要素を育てるには、自分を信じることが必要です。他人の意見が聞こえてこない静かな場所でひとりになり、自分の考えをじっくり見つめてみましょう。そうすれば、自分の意見や判断に自信が持てるようになるはずです。

☆第3の要素は、つねにポジティブな期待を持つこと。自分にはいいことが起こると信じるような態度です。やり抜く力やレジリエンスが鍛えられ、その結果、幸運に恵まれる確率も高くなります。この要素を育てる方法は、感謝の日記（運の日記）をつけること、物事のポジティブな面を見ようとすること、いいことを期待するように脳を訓練すること、などがあります。

☆第4の要素は、いわゆる「不運」を、頭の中で幸運に変える能力です。運の良し悪しは解釈の問題です。一見すると不運な出来事でも、成長マインドセットがあれば、幸運と解釈することができるのです。成長マインドセットがある人は、失敗から学び、反事実的思考を活用し、そしてどんな結果であっても、その中に隠れた価値を見つけることができます。

☆これら4つの要素を備えていれば、もっと簡単に身の周りにある幸運に気づくだけでなく、運が上向くような状態を自分で創造することができるようになります。

第7章

「運のいい人」の戦略

ここでもう一度、「運をコントロールする方法はあるのか？」という疑問について考えてみましょう。成功の確率を上げるような「戦略」は、はたして存在するのでしょうか？

この章では、これまで学んだすべての情報を統合し、1つの確固とした戦略に落とし込んでいきます。

すでに見たように、リチャード・ワイズマンは「運をコントロールするのは可能だ」と考えています。彼は運の向上に必要な4つの要素を特定し、それを8つ（正確には7・5個）の個人の資質に拡大しました。ワイズマンによると、それらの性質は訓練によって育てることができます。この本でも、ワイズマンが提唱する性質のいくつかについて見てきました。

その一方で、ジャーナリストで投資家のマックス・ギュンターは、運と関連するマインドセットには13ものタイプがあると主張しています。ギュンターのもっとも有名な著作は、金融リスクの管理について考察し、賛否両論を巻き起こした『マネーの公理』（日経ＢＰ社）ですが、他にも『ツキの方程式』（パンローリング）、『運とつきあう』（日経ＢＰ社）など、運に関する本も書いています。

ギュンターは著書の中で、運を戦略的に計画する方法について書いています。彼によると、運が開ける瞬間を発見し、活用するテクニックは13個あるとのこと。この中には、ワイズマンの理論とかぶっているものもあります。

ギュンターの考えでは、世の中には生まれつき運のいい人とそうでない人がいて、後者に分類される人は、欲しいものを手に入れるためにちょっとした戦略が必要になる。あなたはこの本をわざわざ読んでいるので、おそらく後者に分類されるのでしょう。いずれにせよ、ギュンターの13のステップを活用すれば、人生の運を可能なかぎり最大化できるはずです。

ところで、運のいい人たちは、日々の生活をどのように送っているのでしょうか？　それを具体的に見ていきましょう。

運と計画

最初に登場するギュンターの法則は、運と計画はまったく別であり、混同してはいけないというものです。運によって望んだ結果が手に入ったのなら、その事実を認めなければなりません。反対に、時間をかけて計画を練り、予期せぬ事態にも備え、その結果として望み通りの結果になったのなら、そこに運は関係ありません。

ここで大切なのは、人生における因果関係を正しく理解することです。それに加えて、純粋な偶然や、ランダムに出現する未知の変数と、計画的な努力の結果の間に、明確な線を引く能力も求められます。

運と計画を混同すると、長い目で見れば、必ず幸運が不運に変わってしまいます。計画して努力した結果を、ただの運だと考えると、計画の重要性がすべてないがしろにされてしまいます。おそらく将来的に、計画を立てて努力することがなくなるでしょう。反対に、ただ運がよかっただけなのに、自分の計画のおかげだと考えると、現実の見方がゆがんでしまいます。そして運が尽きたときに、失敗することになるのです。

私たちは、複雑で、予測できない世界に暮らしています。そして、**運を向上させる最初の一歩は、運はたしかに存在するけれど、運だけでは成功できないと認めること**。統制の所在をどこに置くかで、人生のいい出来事や悪い出来事の解釈が変わります。運の悪い人は、失敗したときは運のせいにして、成功したときは自分の努力のおかげだと考える傾向があります。しかし、このような態度でその場はいい気分になれるかもしれませんが、長い目で見れば力を失っているのです。

勝ったときは謙虚に、そして負けたときは自分を責めすぎない。そもそも、たまには負けなければ、向上する理由もなくなってしまいます。エゴのことは一切忘れ、ただ目の前で起こっていることに興味を持ちましょう。失敗から学び、ことの成り行きを観察する。

もっとうまくできたことはないか？　外部の要素がどれくらい結果に影響を与えているか？もし、計画のおかげで成功できたのなら、また次も計画する。もし運のおかげなら、次は計画でも同じ結果を出せる方法を考える。

運のおかげで成功した人に、努力で成功する方法についてアドバイスを求めてはいけません。彼らは答えを知らないのですから！　また、あまりにも不運な結果になってしまったからといって、自分の努力や、他人のアドバイスは完全に無駄だったと考えるのも間違っています。

成功した人の自慢は話半分で聞きましょう。さも努力したかのように吹聴(ふいちょう)するかもしれませんが、ただの運かもしれないので、そのあたりは正確に判断しなければなりません。

この態度を忘れずにいれば、学習し、適応し、進化する能力が格段に向上します。自分の運命に責任を持ち、自分が出した結果に注意を払う。運と計画の違いがわかっている人は、ただ運だけで成功したのに自分のおかげだと勘違いしている人よりも、つねに上を行くことができます。

何をするにしても、ある結果になるには何らかの原因があります。その原因をつきとめる努力を怠ってはいけません。また、どうせ自分にはコントロールできないとあきらめるのも間違っています。何かがうまくいったら、ただ自分に、「どこまでが運で、どこまでが計画なのだろう？」と尋ねましょう。そして、その質問に正直に答えること。

速い流れを見つける

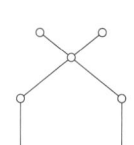

あなたは、自分には何も起こらないと感じたことはあるでしょうか？　出来事やチャンスは自分を素通りするばかりだ、と。もしそう感じるなら、それはおそらく、ベストの状況に身を置いていないからでしょう。

たとえ物静かな性格の人でも、物事が速く流れる場所に出かけていかなければなりません。たくさんの人と接していれば、いずれ必ず何かが起こります。自分のいるネットワークが複雑になり、つながりが強くなるほど、幸運が引き寄せられてくるチャンネルも増やすことができます。

あなたはただ、たくさんの人に会い、たくさんの人に自分について知ってもらえばいいだけです。そこから先は、自然にまかせておきましょう。いずれチャンスがあなたのところへやって来ます。

ただじっと座っていても、運は天から降ってきません。いつもひとりでいる人や、孤高を気取っている人は、幸運に恵まれず、ただ努力だけで人生を切り拓いていかなければなりません。

あなたはそうはならず、物事が起こっている場所に出かけていきましょう。

最新の動向に詳しくなる。好奇心を持ち、つねに全力を尽くし、人に興味を持ち、会話をする。誰かに会ったら、その人の人生、目標、情熱について質問をしましょう。あなたが人生で出会うもっとも興味深い人の何人かは、すでに目の前にいるかもしれません。ただ、あなたが先手を打って探せばいいだけです。

自分の周りで動きがたくさんあるほど、運に恵まれる確率も高くなります。毎晩、自分の部屋に閉じこもっていたらこうはいきません。運を直接引き寄せることはできませんが、たくさんの人と会い、友人をつくり、連絡を取り合い、人から好かれるようになるのは、あなたの努力次第です。

つまり、人生のサイドラインに立っているのではなく、フィールドでプレーするということです。つねに人々の印象に残ることを心がけましょう。そうでないと、あなたは忘れられてしまいます。そして人々から忘れられた人のもとには、何も贈られてきません。運という文脈で考えるなら、孤独はまさに行き止まりなのです。

計算されたリスクを取る

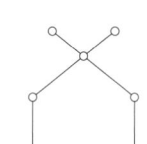

確実に失敗する方法は2つあります。

1つは、リターンと照らし合わせて大きすぎるリスクを取ること。たとえば、きちんと調べていない投資先に全財産をつぎ込むのは、大惨事の予感しかありません。なぜなら、大きなリターンを得る可能性がないわけではありませんが、成功よりも失敗する確率のほうがはるかに高いからです。

そしてもう1つは、リスクをまったく取らないこと。たとえば、せっかく完璧なチャンスが目の前に現れても素通りしてしまう、3人の違う人から絶対に脈はあると言われているのに、好きな人に告白しない、といったことです。こういった態度は、極端なリスク回避と呼べるでしょう。

運のいい人は、これらの極端な行動をしません。

運の悪い人は、恐怖や分析のしすぎで、その場の流れに乗れないことがよくあります。その結果、リスクを取るべき状況で躊躇したり、反対に間違った衝動でやりすぎたりしてしまう。

そして、自分の行動を後悔するのです。勝つためのプレーは大切ですが、だからといって、無鉄砲なギャンブルが正解というわけでもありません。ここで大切なのは、きちんと計算して、深みにはまらないようにすることです。

幸運とはつまるところ、不確かな状況で自分にとって有利になる結果を出すことです。それを行うもっともいい方法は、データとエビデンスに基づいて計算されたリスクを取り、最悪の結果を想定し、もしそうなったときの対策を考えておくこと。

しかし、ここで分析モードに入りすぎないように注意してください。ある時点で分析をやめて、行動を起こす必要があります。そして、いい結果でも悪い結果でも受け入れなければなりません。

本当の意味で成功するには、無謀なリスクと、計算されたリスクの違いを知り、ある種のリスクを取ることは何もしないよりもずっといいということを理解しなければなりません。サイドラインに座っているだけの人は、成功を期待することはできません。とはいえ、キラキラ光るチャンスが見えるたびに飛びつくのも間違いです。

リスクをまったく取らないのは問題ですが、リスクを取りすぎるのも同じくらい問題です。そして、さまざまな経験や失敗から学んだ人だけが、その間で絶妙なバランスを取る技を身につけることができます。

他の人が取ったリスクをただ真似するだけではいけません。自分で調べ、自分の判断に自信を持ちましょう。そして最低でも、リスクを取って失敗しても、それで世界の終わりではないということは理解してください（この考え方もまた、成長マインドセットです！）。

損切りの技術

ここでは、私たちの誰もが影響を受ける、ある要素について見ていきましょう。それは「欲」です。

自分にラッキーなことが立て続けに起きていると想像してみてください。この場合、たいていの人は今の勢いがずっと続くと考えます。しかし残念ながら、期待通りになることは絶対にありません。

この「ツキは続く」という勘違いは、傲慢さの表れかもしれないし、前にも出てきたギャンブラーの誤謬かもしれない。あるいは、ただ単に考えが足りないだけという可能性もあります。ギャンブルで勝ち続けている人に向かって、「欲をかくな」「調子に乗るな」とアドバイスをするのは、理にかなったことなのです。何事においても、やめどきをきちんと見極めなければなりません。

成功するには、正しい損切りのタイミングも学ばなければなりません。つねに「ツキは長く続かない」と肝に銘じ、ギリギリまで攻め続けるような態度は慎むべきです。たいていの場合、「最適なやめどき」は、自分の感覚よりも少し早いタイミングで正解です！

このような態度でいれば、「平均の法則」を自分の味方につけることができるでしょう。平均の法則とは、ランダムな結果でも、試行を増やすと均等に近づいていくということ。つまり、勝ちがずっと続くように感じても、回数を重ねれば勝ちと負けは同じくらいの数に落ち着くのです。

確率で考えれば今のツキも永遠には続かないということを理解できる人は、そうでない人よりも、成功する可能性が高くなります。運と計画の話で最初に見たように、ただ運がよかっただけなのに自分の努力の結果だと勘違いすると、そのうち足をすくわれるでしょう！

幸運は永遠には続きません。それに、あなたが勝利の法則をすべて見抜くこともありえません。どんなことであっても、続けていればいずれ負けます。特に、自分が勝っている理由に興味がなく、理解しようともしていないなら、なおさら確実に負けるでしょう。

たとえば、これまでずっと「当たり」の恋人とばかり付き合ってきた人がいるとしましょう。

もちろんこれはただの幸運ですが、それに気づかず、自分の魅力のおかげのように勘違いしていると、恋人と簡単に別れてしまう。もっといい次の相手がすぐに見つかると信じているからです。

しかし、このツキが終わってしまうと、その人もついに気づくのです——自分は今まで運がよかっただけだ、いい人を見つけるのは本当に難しい、と。勝ち続けているギャンブラーが調子に乗り、最後は全財産を失ってしまうような状況によく似ています。

何かでもっと勝てたかもしれないという事実を受け入れるのは、たしかに難しい。しかし、すべてを失ってしまったことを受け入れるのは、それよりもさらに難しいのです。今はツキがあるかもしれないけれど、そのツキは永遠には続きません。

コインを千回投げれば、表か裏のどちらかが9回も連続する「ロングラン」の状態を、少なくとも1回は経験するでしょう。これはただ単に、統計的・確率的にその可能性がある、というだけの話です。

それに、千回も投げるなら、4回連続する「ショートラン」はもっとたくさん経験することになります。もし裏か表が3回続いたら、これはショートランなのか、それともロングランの途中なのか、その時点で正確に判断する手段はあるでしょうか？　もちろんありません！

強気の賭けに出て成功した人の話はよく聞きます。リスクを取り、そして報われたということです。それなのに、ショートランを最大限に活用して成功した人の話はめったに聞きません。ショートランのほうが、回数はずっと多いはずです。

無理はせず、ショートランを生かして小さな勝利を積み重ねたほうが、確率の低いロングランに賭け、結局はすべてを失ってしまうよりも、トータルでのプラスはずっと大きくなります。

もちろん、人生とカジノは違いますが、どちらにも共通して当てはまる法則はたくさんあります――勝っているうちにやめる。回ってきたツキは楽しむ、しかしツキをあてにしない。そして、ツキが永遠に続くと勘違いするなどもってのほかだ。

自分の運を選ぶ

次に話すのは、前の話からの続きです。ここまでは、ツキが回ってきたのなら、ツキが続くかぎりはそれを楽しもうという話をしてきました。それなら、不運続きのときは、いったいどうしたらいいのでしょう？

ここで大切なのは、すべてのチャンスがいい結果につながるわけではないと理解することです。あらゆる投資は、それがお金の投資であっても、あるいは時間や愛の投資であっても、いずれ問題にぶつかります。そこで考えなければならないのは、その問題はなくなるかどうかということ。現実的に考えて、その問題は解決できるでしょうか？

もし解決できる可能性があるなら、そのまま投資を続けましょう。そしてもし解決できないなら、その投資をやめて、他のもっとうまくいきそうな投資を探さなければなりません。これが「自分の運を選ぶ」ということです。

ある意味で、運を選ぶとは、自分のツキがどこへ向かって流れているのかを知り、そして望みがない状況から撤退するタイミングを知ることだといえるでしょう。

ときに私たちは、自分の判断に絶対の自信を持ってしまうことがあります。それはキャリアの判断かもしれないし、恋愛、あるいはビジネスの投資の判断かもしれない。理想の仕事を手に入れたと有頂天になっていたのに、もうこれ以上の出世は見込めないとあきらめるような状況になってしまうかもしれません。

最初のうちは大いに盛り上がっても、すぐに冷めてしまう恋愛もあるでしょう。思いついたときは最高のアイデアだと確信したのに、実行してみると役に立たなかったということもよくあります。しかし、それでいいのです！

むしろ問題なのは、損切りしたくないばかりに、望みがない状況にしがみついてしまうことです。このような態度は、「サンクコストの誤謬」と呼ばれています。サンクコストとは、すでに払ってしまい、もう取り戻すことのできない費用のこと。そして言うまでもないことですが、サンクコストを回収することにこだわるあまり、成功の見込みのないプロジェクトを続けていると、運気は大幅に下がってしまうのです。

自分の間違いを認めず、もう役に立たないことがはっきりしているアイデアに頑固にしがみついていると、いずれ問題にぶつかることになるでしょう。進む道を変えるのがこんなにも難しいのは、失敗の原因を直視しなければならないからです。ただの不運ではなく、すべて自分の責任だと認めなければならない。

しかし、失敗は誰でもします。それに失敗したからといって、計画が台無しになると決まったわけではありません——それはあなたの対応次第です。間違った角で曲がってしまうことよりもさらに悪いのは、間違った道を進み続けることです。生き残る可能性はまったくなく、目指している場所からもどんどん離れていってしまう。

運のいい人と、運の悪い人の違いは、運のいい人は必要なときにより悲観的になれるということです。ある種の冷徹なリアリズムがなければ、自分が進んでいる道に未来はないと認め、手遅れになる前に即座に打ち切ることはできません。

しかし、それを断行すれば、自分を自由にすることができるのです。自由になれば、すぐに次のもっといいチャンスを追いかけることができる。運のいい人は、何かにこだわり、時間やお金、エネルギー、希望を、すべてブラックホールに捨ててしまうようなことはしません。ブラックホールに吸い込まれたものは、絶対に返ってこないのです。

ジグザグに進む

多くの人が考えていること（そして、私たちの多くがよく言われていること）とは裏腹に、一本のまっすぐな道の先に成功があるわけではありません。

どんなに綿密な計画であっても、うまくいかないこともあります。こうと決めた道をずっと歩いていても、もしかしたらどこにもたどり着けないかもしれない。

すでに見たように、運のいい人は道を外れることを嫌がりません。最初から道を外れるつもりだったわけではなく、ただ変化を柔軟に受け入れ、もっといい道につながりそうなチャンスがあったら素直に従っているだけです。

彼らは、すでに歩いている道に対して無駄な忠誠心を持っていません。それに、A地点から、何の問題もなくまっすぐB地点に到達しなくても、特に気にしません。

計画は、1つのガイドとして利用するときにもっとも効果を発揮します。その過程でもっといいものが現れれば、それまでの計画はすぐに破棄し、あとはふり返らずに前に進んでいくだけです。昔から憧れていたキャリアなど、ある決まった目標を達成するためにある道を選んでも、途中でこの道ではなかったと気づくのはよくあることです。

四輪駆動車で砂漠を走るときは、ハンドルを握る手を緩め、車が小刻みに左右に曲がったり、上下に跳ねたりしても、制御しようとしないほうがいいと言われています。ここで大切なのは、だいたいにおいて正しい方向に走らせておくことです。細かい動きまで自分の思い通りにしようとすると、車が止まってしまう恐れがあります。

人生も、それと似たようなところがあります。いつもハンドルをぎゅっと握りしめている必要はありません。うまくいっているものを柔軟に見極め、あとはただ、力を抜いてそれを続ければいいのです。最終的には、こうしたほうが目的地に早くたどり着けるでしょう。

変化を怖がる気持ちも理解できます。しかし、ときには変化こそ、最善の結果に導いてくれるのです。違う仕事に挑戦する。両手を広げてチャンスを受け入れる。自分の隠れた才能を発見し、育ててみる。セレンディピティを活用する。そして、もしそれらがうまくいかなかったら、何か他のものを見つける。ハンドルを握る手を緩め、物事を成り行きにまかせてみましょう。

未来の出来事を予測するのは不可能です。だから、長期の計画に縛られてはいけません。計画はガイドにはなりますが、あなたを目的地に連れていってくれるのは、予期していなかったチャンスです。

簡単な道を通って成功した人はいません。それはあなたも同じです。道は平坦（へいたん）ではないことを覚悟し、チャンスが現れたら道を外れる心の準備をしておきましょう。後からふり返れば、このジグザグの道も、とてつもなく幸運だったと思えるでしょう。ただ計画を破棄してリスクを取ってきただけで、目的地にたどり着けたのですから。

超自然主義

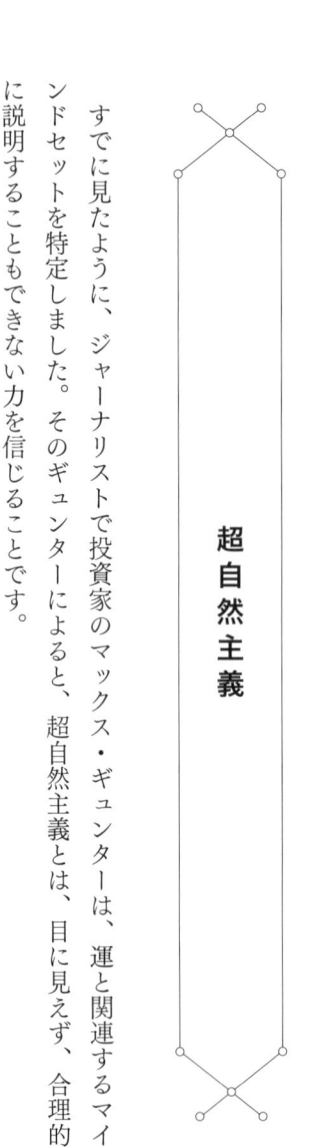

すでに見たように、ジャーナリストで投資家のマックス・ギュンターは、運と関連するマインドセットを特定しました。そのギュンターによると、超自然主義とは、目に見えず、合理的に説明することもできない力を信じることです。

とはいえ、そんなものを信じて何かの役に立つのでしょうか？　超自然主義そのものに、運をよくする力はありません。ここで大切なのは、見えない力を信じると、普段なら考えられない選択ができるということです。ときには、合理的な選択肢は1つもないけれど、何もしないことが最悪の選択肢だという状況もあります。

超自然主義の力を借りて何かを決断すると、その結果として勝利に近づけることがあります。たとえば、「ラッキーナンバー」や「幸運のお守り」の力を科学的に証明することはできませんが、その力を借りれば、一世一代の決断をすることもできるのです。

迷信も、非合理的な力も、それが自分の利益になるなら大いに活用するべきです。そして合理的な判断のほうが有効なら、理性に従えばいいのです。惑星が本当に一直線に並んだわけではなく、あなたがそう感じただけだとしても、そんなことを誰が気にするというのでしょう。そう信じることが行動を起こす助けになるのなら、信じればいいのです。

これは、前に見たジグザグの道を行くという話とも似ています。**計画通りの道、伝統的な道、あるいは現実的な道でさえなくても、ときには信じて飛び込むことが、最高の運を呼び込んでくれるのです。**

少しだけ悲観的になる

この理論に従うと、運のいい人は、本質的に、運の悪い人よりも悲観的ということになります――ただし、ここでは「悲観主義」の定義に注意しなければなりません。悲観主義の反対の楽観主義とは、最高の結果を期待することです。その一方で「運がいい」とは、最悪の事態への対処の仕方を知っているということでもあります。

すでに見たように、運を呼び込むにはリスクを取ることも必要ですが、無謀な挑戦は避けなければなりません。運の悪い人になりたくないなら、最悪のシナリオにうまく対処する必要があります。そしてそのためには、最悪のシナリオをあらかじめ想定しておかなければなりません。

運のいい人は、必ずしも「コップに水が半分しか入っていない」と考えるタイプではありませんが、本当に半分しか入っていない状況を想定し、対処法を考えているのです。要するに、運のいい人は最善の結果を望む一方で、最悪の結果に備えているということです。

あらゆる状況で最悪の事態を想定し、解決策を用意しておけば、たとえそうなったとしても自分を守ることができるでしょう。

合意を書面にする、予算計画を立てる、保険に入る――こういった行動が、最悪の事態から自分を守るということです。運のいい人は、事前に計画し、そして説明責任を果たします。問題が起こったら自分を守る行動を取り、くよくよ思い悩んだりしません。細心の注意を払って準備し、後はチャンスの到来を待ちます。

とはいえ、最悪を想定するあまり、挑戦をあきらめるようなことがあってはいけません。悲観主義は自分の有利になるように活用するべきであり、逃げる言い訳にしてはいけません。

黙るということ

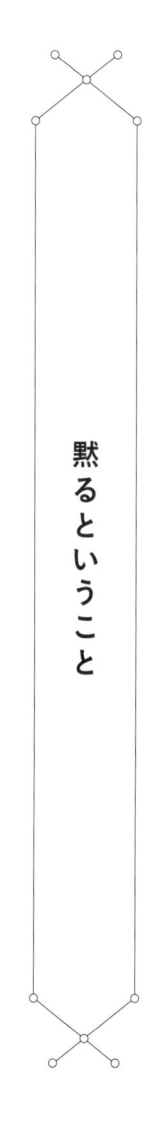

私たちはチャンスさえあれば、自分自身の言葉で、望まない状況に自分を追い込むことがよくあります。言葉には自分を縛る力があります。今日はそれでいいと思っていても、明日になったら間違っているかもしれません。
何かを言う必要が特にないのなら、黙っているほうが賢明です。どんな意見にも、人を麻痺

させる力があります。そして、自分の言葉が誰を麻痺させるかはまったくわかりません。

運のいい人は言葉に敏感です。何を、誰に対して言うか、注意して選んでいます。賛否両論ある話題では、可能なかぎり中立のポジションを取ります。

言葉はまるで、山火事のように広がります。特に意図していなかったときほど、遠くまで広がるのです。あまり多くを語りすぎると、その言葉が後で自分を縛ることになるかもしれません。あなたは選択肢を奪われ、そして「そもそもなぜこれに賛成してしまったのだろう？」などと後悔するのです。

すでに学んだように、新しい計画を見つけること、偶然のチャンスをつかむことが、成功のカギになります。しかし、自分の言葉に縛られ、他の道が選べない状態になってしまったら、それも不可能になってしまいます。

自分の言葉に気をつけましょう。言葉のせいで、狭い箱から出られなくなってしまうかもしれない。あるいは、自分でも知らないうちに橋を焼いてしまうかもしれない。その一方で、つねに中立な態度を保っていれば、それが有利に働くこともあるのです。

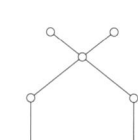

教訓にならないことを見極める

人生には、一見すると何かの教訓になりそうですが、実はそうではないという経験がありま す。すべてのものに何らかの意味や暗示があるわけではありません。何かを学べるような失敗ではなく、ただ運が悪かっただけということもあります。そんなときは、気にせず前に進んでいきましょう。実際、もしかしたら不運でさえなく、何の意味もない偶然の出来事でしかないのかもしれないのです。そこから運について学べることは何もありません。

偶然の出来事を一般化したり、そこから法則を導き出そうとしたりすると、本来は避けるべきではないものを避けてしまうかもしれません。悲惨なデートが何度か続いたからといって、デートそのものをあきらめる理由にはならないでしょう。ただ、次からは相手を慎重に選ばなければならないというだけです。

人間の脳には、何も意味がないところに意味をつくりだすという傾向があります。悪いことは理由もなくただ起こるという現実に耐えられず、偶然の出来事の中に何らかの秩序を見つけて安心したいからです。そして、自動車事故を起こしたら、これも神様から与えられた人生の特別な教訓なのだと思い込もうとする……。

もしかしたら、本当にその通りかもしれません。しかし、それをたしかめる方法はないのです。そして、それよりも重要なのは、そう考えることで本当にあなたの人生は豊かになるのかということです。悪い出来事は意味もなく起こることもあると認めたほうが、あなたの心はずっと安らげるかもしれません。

教訓にならないことを教訓にしてしまうと、人生のすばらしい経験をたくさん逃してしまうかもしれません。何度か悪いことが続くと、その偶然を説明するために、自分の中で勝手な理屈や物語をつくってしまうことがよくあります。しかし、その理屈や物語は、挑戦の妨げになるかもしれないし、あるいは完全に間違っているかもしれない。

このような思い込みが、意思決定の基準にならないように注意しなければなりません。これはたしかに難しいことです。なぜなら私たち人間は、快楽を求め、苦痛を避けるようにプログラムされているからです。本能に惑わされず、ネガティブな経験から意識して恐怖を取り除かなくてはなりません。

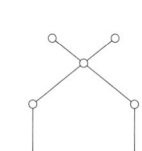

宇宙は不公平だという事実を受け入れる

これも前の話と関連していますが、私たちの誰もが、ときには宇宙が自分に意地悪をしていると感じることがあります。どんなに楽観的な人も例外ではありません。場合によっては非生産的な態度ではあるのですが、それでも人生は厳しく、そしてたいていの場合は不公平であるという事実を受け入れるのは大切なことです。

善人も、悪人も、その中間の人も、最大の夢をかなえられることもあれば、悲惨な悪夢を経験することもある。不運な出来事が何度か続き、その埋め合わせも特にないということもあるかもしれません。言い換えると、出来事には意味があるはずだ、何らかの正義があるはずだ、合理的な因果関係があるはずだと思いたくても、ときにはそういうものがまったくないこともある、ということです。

子どもが治療が困難な病にかかるかもしれない。挑戦しない人が成功し、善人が不幸な目にあい、悪人が幸運に恵まれる。ここで大切なのは、あなたがこれらの情報を使って何をするかということです。

おとぎ話はいつでもハッピーエンドかもしれませんが、現実の人生は違います。いくら自分にその価値があっても、いいことが起こるとはかぎらないのです。どうやら宇宙は、単純な因果律で動いているわけではないようです。いくらがんばったからといって、幸運が保証されるわけではありません。どんなに努力しても、どんなに善行を積んでも、不運に襲われることはあります。私たちにコントロールできることはほとんどないのです。

ここで大切なのは、誰でも不運に襲われるという事実を受け入れること。ときには宇宙に意地悪されているとしか思えないこともあるでしょう。それでも、人生はつねに不公平だと覚悟を決めていれば、むやみに怒りを覚えることも、自分を責めすぎることも、あるいはあきらめてしまうこともありません。

そして皮肉なことではありますが、人生は不公平だとわかっているからこそ、実際に幸運に恵まれたときに、それが当たり前だと思わず、心から感謝することができるのです。世の中の理不尽さを受け入れ、きちんと理解しているなら、あなたはある意味で自由でもあります――なぜなら、起こってほしいことが起こるのをただ待っているのではなく、自分の力で起こそうとするからです。

忙しい人になる

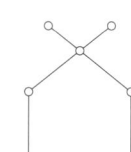

もっともチャンスに恵まれる人は、たいていもっとも忙しくしている人だということに、あなたは気づいているでしょうか？　なぜそうなるかというと、活動量が多い人ほど、偶然のチャンスに遭遇する確率も上がるからです。できるだけたくさんのことに手を出しましょう。新しい趣味を見つける。新しい教室に通う。そのうちのどれかが、大きなチャンスにつながるかもしれません。

ここで避けなければならないのは、ただじっとしていること。じっとしていてはどこにもたどり着けません。チャンスは待っていてもやって来ません。ただ外に出て、自分で探せばいいのです。好奇心のおもむくままに行動してみましょう。興味のあるプロジェクトに取り組み、何かのチャンスが現れるまでそれを続ける。

ここでギュンターの法則を思い出しましょう。幸運とは、天からの贈り物ではありません。むしろ、注ぎ込んだ努力と時間の結果です。もしあなたが忙しく動いているなら、いつかきっと、あなたにとって幸運な出来事に遭遇するでしょう。

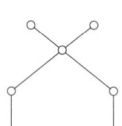

運命のパートナーを見つける

運命のパートナーとは、ある一定の時間をかけて、あなたの運気を変化させるような人のことです。

それが恋愛のパートナーであるとはかぎりません。そしてたいていの場合、運命のパートナーとの出会いはまったくの偶然ですが、意識して探していれば出会いの確率を上げることはできます。自分のアイデアについて詳しく話した相手が、あなたに刺激を与えてくれる人になるかもしれません。

あなたの人生を変え、あなたの運気を変える人がいるように、あなたも誰かに対して同じことができます。運命のパートナーが共に働くと、幸運は何倍にも大きくなるでしょう。

自分ひとりでは平凡な力しか出せず、何かを達成できるにしても、その過程でとても苦労するという人もいます。彼らが卓越した結果を出すのに必要なのは、正しいパートナーなのかもしれません。

そのパートナーは、配偶者かもしれないし、あるいはビジネスパートナー、同僚、友人ということもあるでしょう。そんなパートナーとの出会いは偶然です。そのため、つねに自分の直感に耳を傾けていなくてはなりません。運命のパートナーが現れたら、あなたの直感は敏感に反応するでしょう。そこから先は、いいことの連続です。

マックス・ギュンターが提唱した13のステップを覚えているでしょうか？　そのすべてのステップが、あなたの人生を変える力を秘めています。あなたはただ、それらをきちんと実践するだけでいいのです。

運はたいてい思い通りになりませんが、これらの戦略的な計画があれば、ある程度はコントロールすることができます。そしておそらく、当初あなたが思っていたよりも大きなコントロールが手に入るでしょう。

ワイズマンの運の考え方に同意する人もいれば、あるいはギュンターのアプローチのほうが納得できるという人もいるでしょう。いずれにせよ、1つだけはっきりしているのは、大切なのはあなた自身の態度だということです。

欲しいものが届けられるのをただ待つだけの人生を送るのか、それとも自分から成功をつかみにいくのか。それを決めるのはあなたです。

第7章のまとめ

☆ジャーナリストで投資家のマックス・ギュンターによると、運のいい人には、運の悪い人には見られない13の特徴があります。運のいい人は、運と計画の違いをきちんと理解し、絶対に混同しません。彼らは結果につながる努力をきちんと見極め、その努力をくり返します。そして幸運に恵まれたら、その運に感謝し、自分の力ではないということを理解しています。

☆運のいい人は、人と情報の「速い流れ」を見つけ、自分もその流れに入ります。外向的で、社交的で、さまざまな人とつながり、幸運が流れ込むチャンネルを最大化することができます。運のいい人は適度にリスクを取ることができます。リスクを取りすぎることも、リスクを避けすぎることもありません。データと調査に基づいて自分の行動を決めます。

☆運のいい人は、何かがうまくいっていないときはそれを認め、適切に損切りすることができます。大切なのは、まだ勝っているうちに手を引くこと。強気に攻めすぎると、最後にはすべてを失ってしまうかもしれません。それと関連して、運を選ぶことも大切です。結果につながらない行動にいつまでもしがみつき、時間と労力を無駄にしてはいけません。

☆たいていの場合、成功への道は直線ではなくジグザグです。リラックスして過程を楽しみ、さまざまな可能性に興味を持ちましょう。A地点からB地点への最適ルートは、当初の計画とは違うかもしれません。本当に困ったときは、超自然的な力が決断の助けになることもあります。何も決められずに止まっているよりも、何かを信じて飛び込んだほうが、ずっといい結果につながるでしょう。たしかに迷信は非合理的なものかもしれませんが、正しいことをする力になるのなら、大いに活用しましょう！

☆悲観主義は、最悪の事態に備える助けになります。運のいい人は、最悪の事態を想定しながら、最善の結果を期待します。ギュンターはそれに加えて、運のいい人は、賛否両論ある問題でどちらかに肩入れせず、中立的な立場を取ることで、自分の可能性を狭めないようにするとも言っています。人とのつながりを最適化したいのであれば、これは理にかなった戦略です！

☆運のいい人は、「教訓にならないこと」を見極めることができます。失敗の原因がただの不運なら、そこに教訓になるようなことは何もありません。必死になってそこに意味を見いだそうとする必要はありません。同じように、自分に保証されたものは何もないということも受け入れましょう。どんな人であれ、幸運な人生、魔法のような人生を約束されることはありません。

☆運のいい人はじっと立ち止まっていません。つねに忙しく動き回り、露出を増やせば、新しいチャンスに遭遇する確率も高くなります。そして最後に、運気を向上させてくれそうな人、チャンスを運んできてくれそうな人を見つけ、パートナーになりましょう。

著者略歴

ニック・トレントン（Nick Trenton）

アメリカのライフコーチ、講演家、ノンフィクション作家。行動心理学修士。成功する人、失敗する人の行動原則について長年研究を重ね、その研究成果に関する著作を多く発表している。主な著書に『Stop Overthinking』（未邦訳）などがある。

訳者略歴

桜田直美（さくらだ・なおみ）

翻訳家。早稲田大学第一文学部卒。訳書は『ポリティカル・スキル 人と組織を思い通りに動かす技術』『アメリカの高校生が学んでいる投資の教科書』（以上、SBクリエイティブ）、『おじいちゃんが教えてくれた 人として大切なこと』（ダイヤモンド社）、『JAZZERCISE ジャザサイズ物語』（かんき出版）、『できる人の最強ルール101』（ディスカヴァー・トゥエンティワン）、『言語の力』（KADOKAWA）など多数。

「運のいい人」の科学
強運をつかむ最高の習慣

2025年3月15日　初版第1刷発行

著 者　ニック・トレントン
訳 者　桜田直美
発行者　出井貴完
発行所　SBクリエイティブ株式会社
〒105-0001 東京都港区虎ノ門2-2-1
装丁・本文デザイン　西垂水 敦、岸 恵里香(krran)
DTP　株式会社RUHIA
校正　有限会社あかえんぴつ
印刷・製本　中央精版印刷株式会社

本書をお読みになったご意見・ご感想を
下記URL、または左記QRコードよりお寄せください。
https://isbn2.sbcr.jp/30249/

ISBN 978-4-8156-3024-9

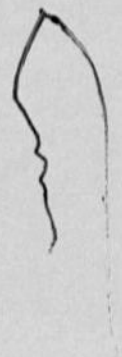